「倭の五王」の謎を解く

雄略天皇は〝興〟だった

公益財団法人大平正芳記念財団理事
大平 裕
Hiroshi Ohira

「倭の五王」の謎を解く　目次

第三章　倭王珍は履中天皇

第四章　倭王珍の第二回目の遣使は反正天皇によるもの

第五章　倭王済は允恭天皇

第六章　倭王興は安康天皇ではなく雄略天皇

第七章　倭王武は清寧天皇

第八章　最後の倭王武は武烈天皇

第九章　「倭の五王」が目指した宋王朝の実態

第十章　最近の「倭の五王」関連書を読んで

装幀　本澤博子
図表　株式会社ウエイド

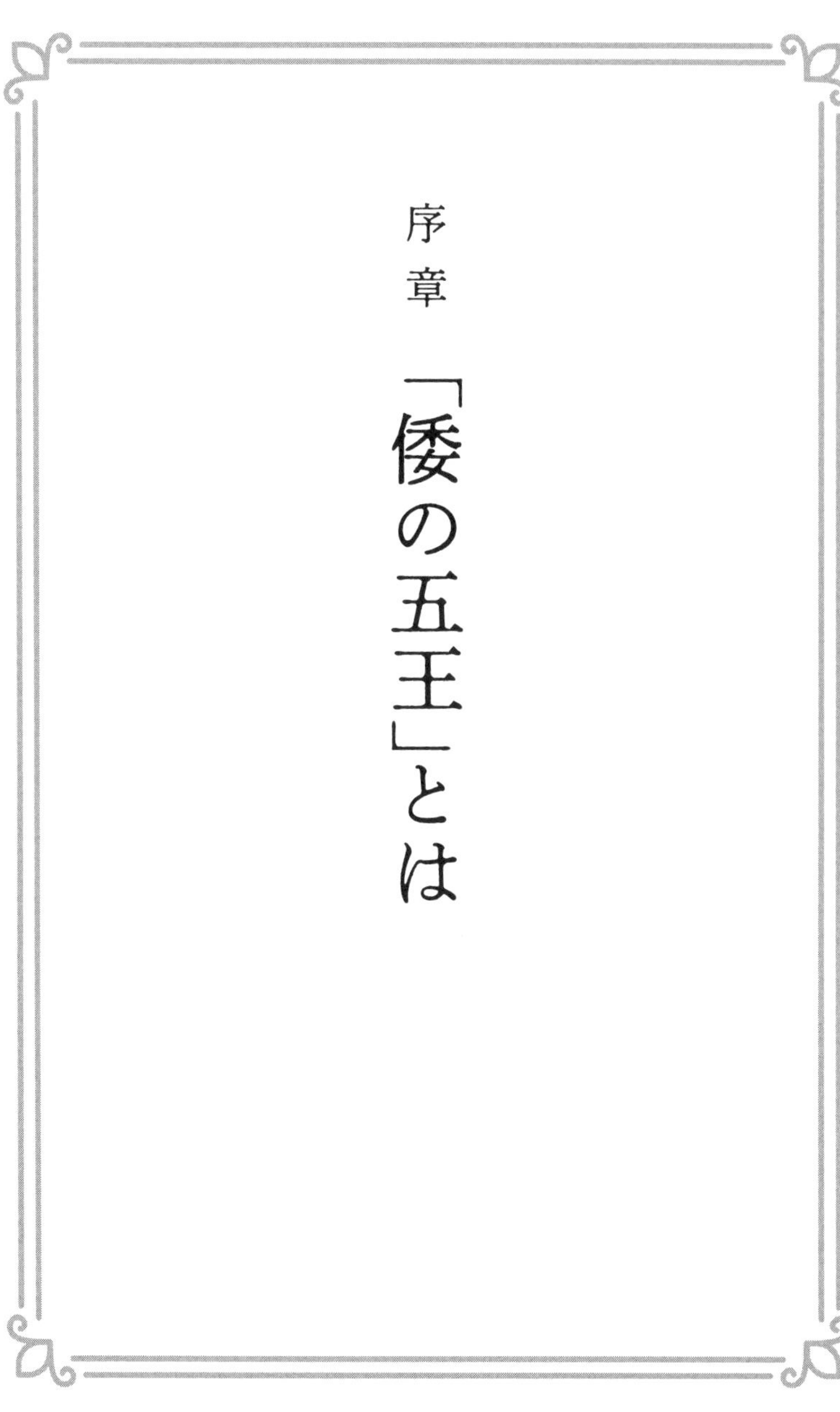

序章
「倭の五王」とは

「倭の五王」の遣使朝貢にふれているのが、中国晋朝（西晋・東晋）の史書『晋書』と、南朝宋の史書『宋書』、南朝斉の『南斉書』および南朝梁の『梁書』です。『晋書』は、西晋（二六五～三一六年）と東晋（三一七～四二〇年）間の歴史を、唐の貞観二十二年（六四八）、太宗の命により、房玄齢、李延寿らが完成したものです。帝紀一〇巻、列伝七〇巻、志二〇巻と、載記（五胡十六国の歴史）三〇巻からなる大部なものです。

一方『宋書』は、宋（四二〇～四七九年）の六十年間を、当時の国史編纂官であり、高名な学者の沈約（四四一～五一三年）が、宋に続く斉の武帝の勅によって編纂に着手、わずか一年で本紀一〇巻、列伝六〇巻（志三〇巻は梁時代に完結）を完成したものです。一年余りでの制作は短すぎるのですが、それまでに、何承天、山謙之、蘇宝生、徐爰らが『宋書』を年代ごとに書いていたので、それをもとに完成することができたのです。そして、ここで注目しなくてはならないのは、沈約が宋の末期および斉の初期を直に目撃していて、関係史料を直接目にすることができたことです。それは、本書の最終章にも影響をおよぼしています。

『宋書』に先立つ『晋書』では、東晋末期、四一三年に倭王讃（仁徳天皇）の遣使朝貢が伝えられています。これに次いで、四二一年と四二五年に、同じ倭王讃が遣使朝貢を果たしています。そのなかで注目されるのは、四二五年の遣使で、司馬曹達を使節代表として遣使していること、また、当時の倭の役職「司馬（古代中国の官名）」と個人名「曹達」が明らかにされていることです。

続いて四三〇年、倭王珍（履中天皇）が遣使朝貢しています。注目すべきは、『宋書』によれば、「讃死、弟珍立」と記されていて、仁徳天皇と履中天皇が父子関係であるにも拘らず、『宋書』では兄弟関係と、誤って記されていることです。その理由は後述します。

そして四三八年、倭王珍による第二回目の遣使朝貢です。『宋書』は、倭王珍によるものと伝えていますが、この倭王珍による遣使は、すでに履中天皇崩御後五年も経っていて、年代的には次の反正天皇によるものと考えられるのです。その後、倭王済（允恭天皇）が、四四三年と四五一年に二度遣使朝貢していますが、特筆すべきことは、第二回目の遣使では、これまで倭国が求めていた「安東将軍」から「安東大将軍」に進号していることです。もう一つ、この時の遣使で、宋の「元嘉暦」（四四五年公布）が招来されていると考えられることです。これより倭国は、この「元嘉暦」を、少なくとも、その後二百五十年使用することになります。

以後、宋への遣使は倭王興（雄略天皇）による遣使が四六〇年十二月に再開されました。『宋書』の記録には、「済死、世子興遣使」とあり、允恭天皇崩御と、雄略天皇の即位が記録されています。ここで倭王興は、定説では安康天皇とされていますが、安康天皇は宋への遣使どころか、流血にまみれた治世の三年間（四五四～四五六年）で崩御しているのです。雄略天皇の在位は四五七～四七七年ですから、倭王興は、その治世が二十一年におよぶ雄略天皇に比定するのが正しいのです。雄略天皇は、四六二年三月、「世子（せいし）興」として遣使朝貢、倭王興（雄略天皇）は「安東将軍」に任じられています。

ここで問題なのは、次の四七七年十一月の遣使です。この年の八月七日に雄略天皇が崩御しているので、この遣使は、太子であった清寧（せいねい）天皇によるもので、『宋書』には「興死、弟武立」（雄略天皇崩御、弟清寧天皇即位）と記されています。そして、翌四七八年五月の遣使朝貢の倭王武（ぶ）（清寧天皇）による上表文（じょうひょうぶん）には、「亡考済（亡くなった父允恭天皇）」と「奄喪父兄」を伝えています。「父兄」というのは、ここでは倭王武である清寧天皇の父であり兄であった雄略天皇のことを指しているのです。この雄略天皇と清寧天皇の父子関係については、筆者の見解を本文で詳述しています。

宋への「倭の五王」の遣使の概略を述べてきましたが、その後四七九年に倭王武（清寧天皇）と五〇二年には、倭王武（武烈（ぶれつ）天皇）による斉と梁への遣使朝貢が行われています。これは、いずれも斉、梁の建国祝賀のための使節であったと考えられます。この五〇二年の倭王武による朝貢遣使は、これまで否定ないし無視されてきましたが、新しい史料の発見があり、追認されるに至っています。

図1 「倭の五王」諸説

	賛	(讃)	(弥)	珍1	珍2	済	興	武1	武2	論者
A説	履中天皇			反正天皇		允恭天皇	安康天皇	雄略天皇		新井白石 アストン 白鳥 清 田口卯吉 藤間生大 志村偵幹 岡田英弘
A2説	履中天皇			反正天皇		允恭天皇	安康天皇	雄略天皇	清寧天皇	松下見林
B説	仁徳天皇			反正天皇		允恭天皇	安康天皇	雄略天皇		菅 政友 橋本増吉 坂本太郎 池内 宏 志水正司 岩井大慧
B2説	仁徳天皇			反正天皇		允恭天皇	安康天皇	雄略天皇	武烈天皇	那珂通世
B3説	仁徳天皇			反正天皇		允恭天皇	安康天皇	雄略天皇	顕宗天皇	吉田東伍
C説	仁徳天皇			反正天皇		允恭天皇	市辺押磐皇子	雄略天皇		菅 政友 原 勝郎
D説	仁徳天皇			反正天皇		允恭天皇	木梨軽皇子	雄略天皇		久米邦武 水野 祐
E説	応神天皇			仁徳天皇		允恭天皇	安康天皇	雄略天皇		前田直典 山根徳太郎 西田長男 筑紫 豊 安本美典
F説	仁徳天皇	履中天皇	菟道稚郎子太子	反正天皇		允恭天皇	雄略天皇	清寧天皇		倉西裕子
G説	**仁徳天皇**			**履中天皇**	**反正天皇**	**允恭天皇**	**雄略天皇**	**清寧天皇**	**武烈天皇**	**大平 裕**

倉西裕子著『源氏物語が語る古代史』(勉誠出版)を基に作成

図2 「倭の五王」比定図

世紀	時代	天皇	倭王	朝鮮	中国通交	社会
五世紀	古	仁徳 履中 反正 允恭 安康 雄略 清寧 顕宗	438 倭王讃（仁徳？）死、弟珍（反正？）立つ 462 倭王済（允恭？）死、子興（安康？）立つ ○倭王武（雄略？） 487 紀生磐、百済に反乱		**中国通交の復活** 413 倭国、晋に朝貢 421 讃、宋の武帝より除授 425 司馬曹達、宋に遣使 430 宋に朝貢 438 珍、宋に朝貢、安東将軍の号を得る 443 済、宋に遣使 460? 興、宋に遣使 462 興、宋に遣使 478 武、宋に遣使（註） 479 斉の高帝、倭国王を鎮東大将軍とする	○労役と調賦の初め ○頭髪 男子はみずら。女子は長く垂らす ○灌漑農業行われる ○交換経済の萌芽 軽市 餌香市
500 六世紀	代	仁賢 武烈 継体 安閑 宣化	527 筑紫国造磐井の反乱	**朝鮮利権の失墜** 512 百済に伽耶の四県を与える（大伴金村） 513 百済に己汶・帯沙を与える	502 梁の武帝、倭王を征東大将軍とする	**氏姓社会の完成**

児玉幸多編『日本史年表・地図』（吉川弘文館）より

ここで江戸時代以来、問題となってきた「倭の五王」がどの天皇に比定されてきたか、これまでの諸説を図1にまとめてみました。

本書で筆者が主張したいのは、これまでほとんどの研究者が、倭王興を、安康天皇（在位四五四～四五六年）に比定していることです。これは四五四年十二月即位、四五六年八月崩御という実質一年九カ月余りの極端に在位が短い安康天皇の治世に、倭王興が四六〇年と四六二年の二回、宋へ朝貢遣使している『宋書』の記録を無視していることになります。安康天皇の在位四五四～四五六年と、『宋書』の遺使の記録、四六〇年と四六二年を考えれば、一目瞭然（いちもくりょうぜん）です。また、雄略天皇の和風諡号（わふうしごう）が「大泊瀬幼**武**（おおはつせのわかたけ）」である、ただそれだけの理由で、倭王武を雄略天皇にしてしまっているのです。次の清寧天皇の和風諡号「白髪**武**広国押稚日本根子（しらかのたけひろくにおしわかやまとねこ）」にも、「武」という文字が含まれていることを考慮しない、視野の狭さを如実（にょじつ）に示しているといえるでしょう。

その一例として、児玉幸多（こだまこうた）編『日本史年表・地図』（吉川弘文館）の五世紀の項（図2）には、「438倭王讃（仁徳?）死、弟珍（反正?）立つ」「462倭王済（允恭?）死、子興（安康?）立つ」「倭王武（雄略?）」と、倭の五王すべてに「?」がつけられています。なお、弟珍（反正天皇）、子興（安康天皇）、武（雄略天皇）が、完全な間違いで、正しくは、弟珍は履中天皇、興は雄略天皇、武は清寧天皇なのです。さらに、『日本書紀』雄略天皇紀には、紀年の延長がみられます。これは、『宋書』の四七七年と四七八年の項を見れば、わかることなのです。

これまでの諸説の間違い、そしてごく最近の学説も甲乙つけがたいものもありますが、それらを紹介しながら、筆者の考える「倭の五王」の比定図を図3にまとめてみました。

図3　筆者が考える「倭の五王」と天皇比定図

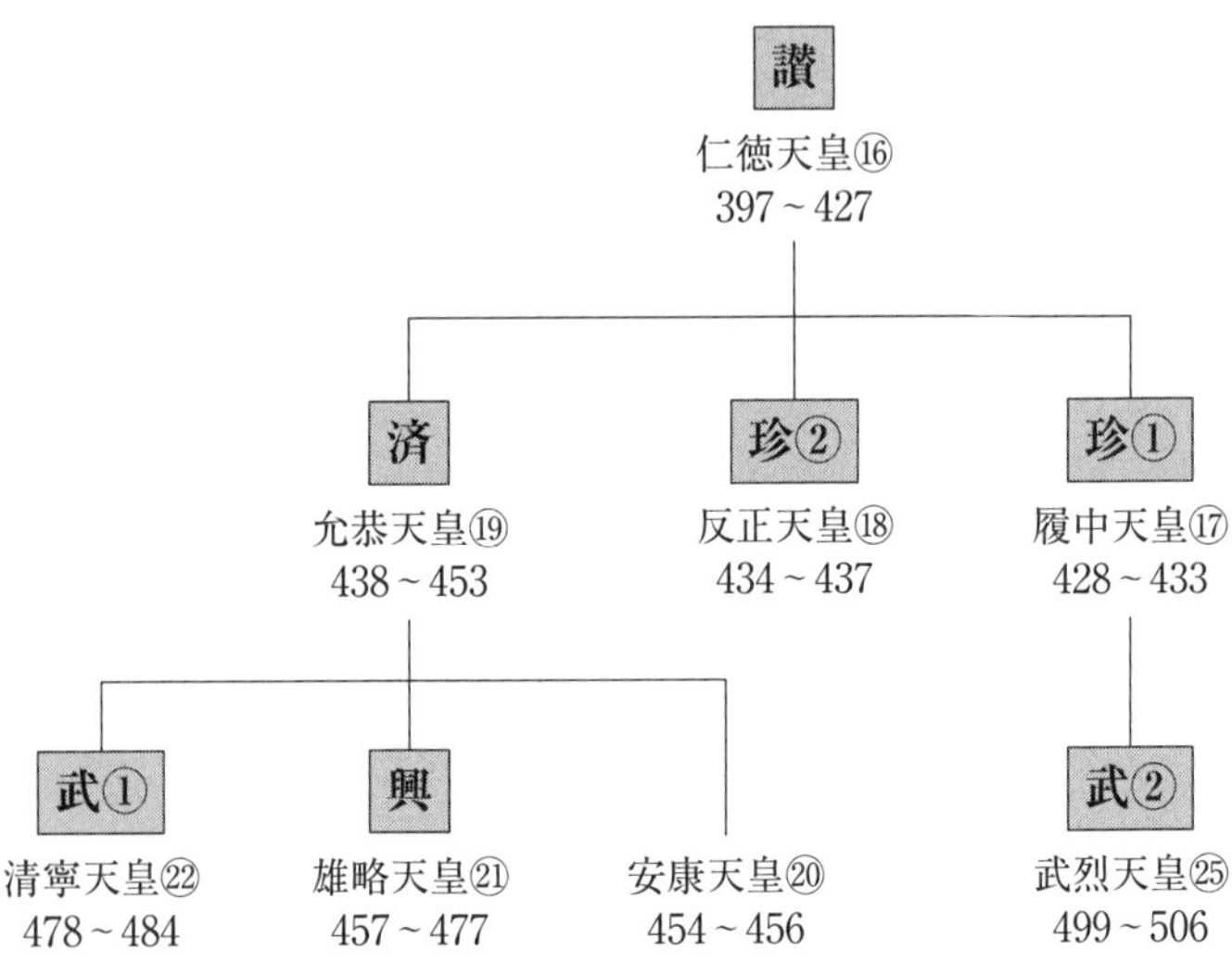

- 413、421、425年…讃
- 430、438年 ………珍①、珍②（但し438年は反正天皇の可能性大、『宋書』の単純なミス）
- 443、451年 ………済
- 460、462年 ………興
- 477、478、479年…武①
- 502年………………武②

第一章

「倭の五王」研究は暦を知ること

倭国の暦の受容

『後漢書』光武帝紀には、「二年春正月辛未（略）東夷倭奴国遣使奉献」、同じく『後漢書』列伝七五には、「建武中元、倭奴国奉貢朝賀、使人自称大夫、倭国之極南界也、光武賜以印綬」と、倭の奴国からの遣使を記録しています。ちなみに、後漢朝光武帝建武中元二年は、西暦五七年になります。

ここで注目されるのは、倭の奴国の王がやみくもに後漢朝に使人を派遣したのではなく、朝賀に訪れたことです。ということは、すでに奴国は後漢朝の暦「四分暦」を大筋で承知していた可能性が考えられます。したがって後に倭の女王卑弥呼も、『三国志魏書倭人伝』（以下、『魏志倭人伝』）が伝える金印紫綬とともに魏の「景初暦」を授けられた可能性があります。ただし、その使用はごく限られたものでした。

その後、倭国の場合、記録上暦の使用は消えていますが、対百済・新羅・任那との外交・軍事・交易はもちろん、国内の軍事・交易にも暦の使用は必須のことであったと考えられます。江戸時代まで、貞観四年（八六二）に導入された「宣明暦」が八百年余も使用されていた倭国ですから、西晋の「泰始暦」、宋の「永初暦」「元嘉暦」の流れを大筋で引き継ぎ、百済からの情報を得ながら、補っていたとも思われます。

図４は、大陸王朝の暦が、金石文（きんせきぶん）として記録に残されているなかから、主なものを選んだものです。大陸王朝の冊封（さくほう）体制下に入っても、各王朝の暦を王朝ごとに導入しなくても、大和朝廷内ではそれほど大きな問題はなく、朝賀以下の祭祀（さいし）、国内外の戦役、軍の編成・派遣などになんら不都合があったとは考えられません。それは、中国の王朝の天文・暦の知識が、すでに大筋固まっていたということによるものでした。

事実、

後漢の四分暦　一年：３６５・２５日　一月：29・５３０８５日
宋の元嘉暦　一年：３６５・２４６７日　一月：29・５３０５８５日
唐の儀鳳（ぎほう）暦　一年：３６５・２４４７８日　一月：29・５３０５９７日
唐以降の宣明暦　一年：３６５・２４４６４日　一月：29・５３０５９５日

という数字が示すように、大陸の王朝が変わっても、各王朝の制定する暦の中身はほとんど同じで、通常の生活、記録には支障はありませんでした。

このような事情から、大和朝廷では、大事な史料の一つである暦が重視されませんでし

図4　大陸王朝の暦（前漢～唐）

王朝	暦	年代	摘要
前漢 （BC206~AD8）	太初暦 （BC104~？）	太初元年 （BC104）	司馬遷監督記述
後漢（23~220）	四分暦（220~236）	建武中元2年（57）	倭奴国朝貢、冊封体制入り
		永初元年（107）	倭国王帥等接見求む
		中平（184~189）	中平年号入り大刀
魏（220~265）	景初暦（237~265）	景初3年（239）	卑弥呼使者を遣わし朝献
		景初3年（239）	紀年銘鏡（大阪府・島根県）
		景初4年（240）	紀年銘鏡（兵庫県・群馬県）
呉（222~280）		赤烏元年（238）	紀年銘鏡
		赤烏7年（244）	紀年銘鏡
西晋（265~316）	泰始暦（265~420）	泰始2年（266）	台与入貢
		元康元年（291）	紀年銘鏡（京都府）
東晋（317~420）		泰和4年（369）	七枝刀百済王より献上
		義熙9年（413）	倭王讃遣使
宋（420~479）	永初暦（420~444）	永初2年（421）	倭王讃遣使、冊封体制入り
		元嘉2年（425）	倭王讃遣使
		元嘉7年（430）	倭王珍①遣使
		元嘉15年（438）	倭王珍②遣使、冊封体制入り
		元嘉20年（443）	倭王済遣使
	元嘉暦（445~509）	元嘉28年（451）	倭王済遣使
		大明4年（460）	倭王興遣使
		大明6年（462）	倭王興遣使
		泰始7年（471）	稲荷山古墳出土鉄剣銘
		昇明元年（477）	倭王武①遣使
		昇明2年（478）	倭王武①遣使
斉（479~502）		建元元年（479）	倭王武①遣使
梁（502~557）		天監元年（502）	倭王武②遣使
隋（581~618）			
唐（618~907）	儀鳳暦（665~728）	天武天皇がこの暦を採用、正式には文武元年（697）より70年余使用	

たが、めぐりめぐって『古事記』の写本の一つ真福寺本には、歴代天皇三三名（神武天皇～推古天皇）のうち、一五名の天皇について崩年が収載されています。この崩年は、ほとんどは実年に近く（詳細は後述）、なんらかの暦の記憶が語り部や、市井の「一書」に残されていた可能性は大です。筆者は、この『古事記』分注崩年干支（以下、崩年干支）を主要な史料としてとらえ、『日本書紀』を補完するものとして、大事に扱っています。

ところで、本題の「倭の五王」ですが、倭国から東晉に初めて遣使したのが、義熙九年（四一三）の倭王讃です。それ以降斉の建元元年（四七九）、梁の天監元年（五〇二）まで続くことになります。倭王讃が三回、倭王珍が二回、倭王済が二回、倭王興が二回、倭王武が四回、（五〇二年の武は武烈天皇）合計一三回となります。そこで問題となるのが、これら「倭の五王」が、倭国のこの頃在位した天皇の誰に相当するかです。

まず史料の一つとして取り上げたのが、内田正男編著『日本書紀暦日原典〔新装版〕』（雄山閣出版）です。この著書のなかで、内田は次のように天文・暦学の大家である小川清彦の言葉を引用しています。

要スルニ日本紀ノ暦日ハ神武以降五世紀ニイタルマデノ分ガ儀鳳暦（経朔）ニヨリ

図5　安康天皇崩御と雄略天皇即位年表

天皇	年	干支	月	儀鳳暦 朔干支	グレゴリオ暦			日本書紀	元嘉暦	元嘉暦 朔干支
安康天皇	2年	乙未	1	29・(癸巳)386	455	2	4	癸巳		29・408
			2	58・(壬戌)916	455	3	5			58・939
			3	28・(壬辰)447	455	4	4			28・469
			4	57・(辛酉)978	455	5	3		壬戌	58・000
			5	27・(辛卯)508	455	6	2			27・531
			6	57・(辛酉)039	455	7	2			57・061
			7	26・(庚寅)569	455	7	31			26・592
			8	56・(庚申)100	455	8	30			56・122
			9	25・(己丑)631	455	9	28			25・653
			10	55・(己未)161	455	10	28			55・184
			11	24・(戊子)692	455	11	26			24・714
			12	54・(戊午)222	455	12	26			54・245
同	3年	丙申	1	23・(丁亥)753	456	1	24			23・775
			2	53・(丁巳)284	456	2	23			53・306
			3	22・(丙戌)814	456	3	23			22・836
			3	52・(丙辰)345	456	4	22			52・367
			4	21・(乙酉)875	456	5	21			21・898
			5	51・(乙卯)406	456	6	20			51・428
			6	20・(甲申)937	456	7	19			20・959
			7	50・(甲寅)467	456	8	18			50・489
			8	19・(癸未)998	456	9	16	甲申	甲申	20・020
			9	49・(癸丑)528	456	10	16			49・551
			10	19・(癸未)059	456	11	15	癸未		19・081
			11	48・(壬子)590	456	12	14	壬子		48・612
			12	18・(壬午)120	457	1	13			18・142
雄略天皇	元年	丁酉	1	47・(辛亥)651	457	2	11			47・673
			2	17・(辛巳)181	457	3	13			17・203
			3	46・(庚戌)712	457	4	11	庚戌		46・734

内田正男編著『日本書紀暦日原典〔新装版〕』(雄山閣出版)より

推算サレ、ソノ後ノ分ハ元嘉暦ニヨッテ推算サレタモノト考ヘラレル。而シテ元嘉暦ハ支那ニ於テ元嘉二十二年（４４５ＡＤ）カラ行用ヲ見タモノデアル事実ヲ参照スル丁度ソノ頃ヲ分岐点トシテ後ノ元嘉暦ニヨル暦日ヲ用ヒタ文献トノ振リ合ヒカラ元嘉暦ノ推算ニ振リ替ヘタモノト考ヘラレル。モトモト儀鳳暦ハ結局元嘉暦ニ振替ヘネバナラヌモノデアルガ、コノ頃両者ノ朔ノ時刻差ハ僅小（約二刻）トナッテヰルカラ都合モヨカッタノデアル。ソースルト多分安康元年（４５４ＡＤ）以後ガ元嘉暦ニヨル推算ニナッタトスベキデアラウ。

小川は、『日本書紀』が採用した暦法は、宋の「元嘉暦」と唐の「儀鳳暦」であると明確に断定し、「元嘉暦」「儀鳳暦」と「グレゴリオ暦」に対応した、神武天皇即位前七年から明治五年までを克明に計算した結果、第二〇代安康天皇三年（西暦四五六）八月甲申が、これら三つの暦が一致することを発表したのです。

小川本人はふれていませんが、第一九代允恭天皇の四五一年に、宋への遣使朝貢の際下賜された「元嘉暦」がもたらされていたことが、この小川の説と整合することになります。西暦四五六年八月に安康天皇が崩御、翌四五七年に雄略天皇が即位することになります。「倭の五王」比定の諸説では、雄略天皇＝倭王武となっていますが、それが間違いであることは後述しますが、雄略天皇元年の即位を補完する史料として、百済武寧王（ぶねいおう）の墓誌が、昭和四十六年（一九七一）韓国公州宋山里（コンジユソンサンニ）で発掘されたのでした。これによって、いわゆる「倭の五王」のうち倭王興と比定され、雄略天皇の即位年、四五七年が判明したことになります。

応神天皇即位三九〇年について

江戸時代から『日本書紀』の紀年が神功皇后（じんぐうこうごう）、応神（おうじん）天皇のあたりで百二十年の延長が図られているといわれ続けています。この問題に挑戦したのが倉西裕子（くらにしゆうこ）で、『日本書紀の真実』（講談社選書メチエ）のなかで、百二十年の延長は、在位が長かったと思われる三天皇、応神・仁徳・允恭天皇でそれぞれ加算し、百二十年の延長が図られたとして、その起点となるのが応神天皇の即位年であると断定しています。

その根拠を、倉西は次のように述べています。

(1)応神三年条において百済国の阿花（阿華）王（在位：三九二〜四〇五年）の即位を伝えていますが、『東国通鑑』・『三国史記』「百済本紀」（以下、『百済本紀』と略します）は

図6 『古事記』崩年干支と『日本書紀』紀年との年代差（崇神天皇～推古天皇）

代	天皇名	日本書紀の編年に基づく末年	古事記崩年干支	定説（那珂説）	日本書紀の編年に基づく年代との差
10	崇神	紀元前三〇年	戊寅	二五八年	+288年
11	垂仁	七〇年			
12	景行	一三〇年			
13	成務	一九〇年	乙卯	三五五年	+165年
14	仲哀	二〇〇年	壬戌	三六二年	+162年
15	応神	三一〇年	甲午	三九四年	+84年
16	仁徳	三九九年	丁卯	四二七年	+28年
17	履中	四〇五年	壬申	四三二年	+27年
18	反正	四一〇年	丁丑	四三七年	+27年
19	允恭	四五三年	甲午	四五四年	+1年
20	安康	四五六年			
21	雄略	四七九年	己巳	四八九年	+10年
22	清寧	四八四年			
23	顕宗	四八七年			
24	仁賢	四九八年			
25	武烈	五〇六年			
26	継体	五三一年（辛亥年）	丁未	五二七年	−4年
27	安閑	五三五年	乙卯	五三五年	0年
28	宣化	五三九年			
29	欽明	五七一年			
30	敏達	五八五年	甲辰	五八四年	−1年
31	用明	五八七年	丁未	五八七年	0年
32	崇峻	五九二年	壬子	五九二年	0年
33	推古	六二八年	戊子	六二八年	0年

倉西裕子著『日本書紀の真実』（講談社選書メチエ）より

阿華王の即位を三九二年と記しており、応神三年を三九二年と考えて、逆算して求められる応神元年は三九〇年となります。

(2)応神八年条分註に百済国の王子直支の来日を伝えています。『東国通鑑』・『百済本紀』は、直支（腆支）王（在位：四〇五～四二〇年）を人質として遣わした年代を三九七年と記しており、逆算して求められ得る応神元年は三九〇年となります。

(3)応神一六年条に「是歳百済王阿花王薨」とありますが、『百済本紀』の伝える阿華王の崩年は四〇五年であることから、逆算して求められ得る応神元年は三九〇年となります。

(4)巻九の神功紀後半に紀年が四世紀後半に位置付けられることは、実証主義の立場からは否めませんので、次巻の応神紀の応神元年は四世紀末に来ます。したがって、応神元年条の正文にある「庚寅」の年は、『書紀』の「紀年」においては西暦二七〇年に当たりますが、史実としては三九〇年に設定されていると認識されます。

以上の四点から、『書紀』は応神元年を実年代において三九〇年に設定しているとみてほぼ間違いはありません。

これで応神天皇元年が、西暦三九〇年であると、決定されたことになります。第一五代応神天皇即位三九〇年から、第二一代雄略天皇即位四五七年と「倭の五王」の紀年決定となる年が確定したのです。

百二十年紀年延長の問題

「倭の五王」の比定問題とともに、宋への遣使年次を決定する、いわゆる『日本書紀』の百二十年延長問題に次のように取り組んでみました。

①允恭天皇の場合

まず延長の第一段は、允恭天皇の治世です。『日本書紀』によれば、四十二年となっています。ところが、誰でもわかる紀年の延長が、二カ所で図られています。まず、先帝反正天皇の殯（もがり）の実施です。本来ならば、崩後三〜六カ月内で執り行われるものですが、反正天皇に限っていえば、五年後に行われていることです。殯の詳細については、『日本書紀』に詳しく記されていますが、儀式の内容はともかく、実施された年次が、崩後五年後なのです。何も説明もなく、異例の扱いですが、結果的には、単純に、天皇の治世「五年」の延長と考えられます。

次に、允恭天皇の皇子・皇女の、近親相姦事件によるものです。この、母を同じくする兄木梨軽皇子と妹の軽大姫皇女、絶世の美男・美女のスキャンダルは、世間の評判になり、この時には木梨軽皇子の命は守られましたが、皇女軽大姫皇女は伊予国へ流されてしまいます。その後、皇子自身も允恭天皇崩御直前、太子にはなったものの、周辺がこれを許すはずもなく、実弟の穴穂皇子（後の安康天皇）の軍勢に包囲され、自死に追い込まれてしまいます。

允恭天皇の崩御は、立太子礼の直前、または直後と考えられます。天皇が、木梨軽皇子の命を守ることができなくなったということは、天皇の崩御を意味すると考えられるからです。その年が、允恭二十一年と思われるのですが、『日本書紀』では允恭四十二年となっています。先の五年と合わせて、二十六年が紀年の延長と考えられるのです。

そして、これは本書でも特筆しているよく知られている話ですが、允恭天皇の即位にあたっての辞退と、その期間です。『日本書紀』には、数年の間と記されていますが、このように長い空位は許されるはずがありません。筆者は、一年間の延長と、推測しています。そのようなことを考慮しますと、允恭天皇の在位は四三八～四五三年となりますので、在位中の二回の宋への遣使（四四三年と四五一年）は、矛盾しません。

②仁徳天皇の場合

『日本書紀』によれば、仁徳天皇の在位は八十七年と、歴史時代に入って最長の在位を誇っています。仁徳天皇は、東晋四一三年（義熙九年）と、宋朝に入って四二一年、四二五年に、遣使朝貢を重ねています。問題なのはこれからで、仁徳天皇の最後と思われる遣使が、四二五年です。そして、去来穂別皇子（後の履中天皇）の立太子礼が、四二七年に挙行されています。古来、天皇の崩御と立太子礼が前後することは自然なことで、仁徳天皇の崩御は四二七年で、前後して去来穂別皇子の立太子礼が執り行われ、翌年即位したものと考えられます。これによって、仁徳天皇の崩御年と、履中天皇の即位年が、判明することになるのです。

履中天皇は、四二七年に太子、四二八年に天皇即位となります。ところが、即位直後に、実弟の住吉仲皇子の反乱にあい、時間を空費したことで、先帝の崩御と自身の即位を伝える宋への遣使が遅れ、四二九年中の出帆にずれ込んだものと考えられます。こうなりますと、四二七年先帝崩御、四二八年履中天皇即位、住吉仲皇子の乱、四二九年宋への使節の派遣、四三〇年に宋の建康への到着となり、すべてが合致することになります。以上

図7 『日本書紀』の紀年数と筆者が考える加算された紀年の内訳

紀	在位期間	『日本書紀』の紀年数	加算された紀年
応神紀	390～394年	41年	36年
空位年	395～396年	2年	0年
仁徳紀	397～427年	87年	56年
履中紀	428～433年	6年	0年
反正紀	434～437年	5年	1年
空位年	――	1年	1年
允恭紀	438～453年	42年	26年
延長年	64年	184年	120年

のことから、仁徳天皇の治世期間は八十七年ではなく、三十一年となり、都合五十六年の紀年の延長が図られたのでした。

③応神天皇の場合

応神天皇の在位が、三九〇～三九四年と、短かったことについて、以下のことが考えられます。その一つが、高句麗の「広開土王碑」には、高句麗と倭国の帯方郡での最後の戦役を、四〇七年のこととしています。一方、『日本書紀』によれば、仁徳十二年、高句麗使の来朝を伝えています。その時は、難波宮では饗宴が催され、互いに弓矢の術を競ったとあります。高句麗とのあいだで十五年余り、断続的にではありますが、戦ってきた結果は、どのようであったのでしょうか。使節団は、高句麗の首都からやってきたのですから、戦いの帰趨は明らかに倭国に分があり、一歩譲ったとしても、五分五分の戦いではなかったかと、筆者は考えています。

問題は、高句麗の使節の来朝が、仁徳十二年であったことです。ということは、戦いが終わった翌四〇八年となります。そこで、仁徳十二年を差し引きますと、仁徳元年は、三九七年となりますので、筆者の説とズバリあってきます。そこで、応神天皇は、即位三九〇年、崩御三九四年（『古事記』崩年干支）、三九五～三九六年は、大鷦鷯皇子（後の仁徳天皇）と菟道稚郎子太子との皇位継承の争いとなります。『日本書紀』による応神天皇の在位は、四十一年となっていますが、在位は三九〇～三九四年の五年と、空位二年を差し引きますと、三十四年の紀年の延長が図られていることになります。

『宋書』に記された、倭国の使節が宋へ遣使朝貢したのは、四二一年から五〇二年頃ですから、倭国では仁徳天皇の頃から武烈天皇の頃にあたります。その間の仁徳、履中、反正、允恭、安康、雄略、清寧、顕宗、仁賢、武烈の天皇が、「倭の五王」讃・珍・済・興・武の誰に比定されるか、筆者は各天皇の紀年を確定することによって、解決を試みてみました。

第二章

倭王讃は仁徳天皇

仁徳天皇、諱は大鷦鷯尊、在位は西暦三九七年から四二七年、三十一年の長きにわたっています。父は応神天皇、母は仲姫命、同母弟姉は根鳥皇子と荒田皇女、ほかに異母兄弟姉妹は一七名の皇子・皇女におよんでいます。仁徳天皇は、『古事記』の編纂者である太安万侶が、民を慈しんだ仁徳天皇の治世を高く評価して、歴代天皇のうち、「烟を望みて黎元を撫でたまひき」と、四名の聖帝の一人として讃えています。義弟の菟道稚郎子太子との皇位継承戦で勝利を収め即位した後には、

①倭国と高句麗の十五年戦役を収拾（四〇八年）

②この戦役と前後して百済と新羅王室への介入

③高句麗戦役を終えて、東晋、宋への遣使を開始（四一三年）

と、朝鮮半島中南部での軍事政略活動を活発化し、東晋末・宋の建国直後から使節を派遣、その実を固め、特に百済への影響力を強め、宗主国としての機能を果たしていくことになります。

倭王讃（仁徳天皇）の東晋と宋への遣使

倭王讃による遣使朝貢は、四一三年の東晋への第一回目、四二一年の宋への第二回目、

四二五年の同じく宋への第三回目、合計三回が行われました。

第一回目の四一三年の遣使ですが、東晉の皇帝安帝の帝紀には、義熙九年、「是歳、高句麗、倭国及西南夷銅頭大師並献方物」とあります。ところが現在多くの研究者は、次のようなことを理由に、この時の倭王讃の遣使を否定しています。

倭国の使節は高句麗と一緒に朝貢をしているが、晉朝への献上品が問題である。「倭国が貂皮・人参等を献上」とあるが、これは高句麗の特産品であり、高句麗が倭国使を偽って、あるいは代理として朝貢したのであると。彼らの主張で疑問に思うのは、まず、倭国と高句麗との関係ですが、三九〇～四〇七年間の倭国と高句麗の戦役が終わり、両国はお互いの力を認め合った朝鮮半島をめぐる二大強国であったことです。高句麗が倭国を連れていくとか、倭国が高句麗に同行を求めたという間柄ではなかったのです。

また、朝貢品ですが、倭国はすでに国内統一が進み、仁徳天皇の時代には、蝦夷との戦いが、関東北部までおよんでいたことが記録されています。蝦夷・アイヌの人々とは戦いだけでなく交易も進んでいて、貂皮や朝鮮人参などは北方から交易で手に入れる時代に入っていたのです。まして、倭国の傘下には新羅があり、新羅や靺鞨など北方民族からの特産品を、倭国に貢上していたことも充分考えられるのです。

そして、問題は貢上品云々ではなく、第一回目の記録には『晉書』のほかに、『梁書』

図8　高句麗の大陸王朝への朝貢

西暦	国名
四一三	東晋
四二五	北魏
四三五	〃
〃	〃
四三六	〃
四三七	〃
四三九	〃
〃	〃
四五五	宋
四六二	北魏
四六五	〃
四六六	〃
四六七	〃
四六八	〃
四六九	〃
四七〇	〃
四七二	〃
〃	〃
四七三	〃
〃	〃
四七四	〃
〃	〃
四七四	宋
四七五	北魏
〃	〃
四七六	〃
〃	〃
四七六	北魏
四七七	〃
〃	〃
四七八	宋
四七九	北魏
〃	〃
四八〇	斉
四八一	〃
四八四	北魏
四八五	〃
〃	〃
四八六	〃
四八七	〃
四八八	〃
〃	〃
〃	〃
四八九	〃
〃	〃
〃	〃
四九〇	〃
〃	〃
四九一	〃
〃	〃
四九二	〃
〃	〃
〃	〃
〃	〃
四九四	北魏
〃	〃
四九五	〃
〃	〃
四九六	斉
四九八	北魏
五〇〇	〃
五〇一	〃
〃	〃
五〇二	〃
五〇四	〃
五〇六	〃
五〇七	〃
五〇八	〃
〃	〃
五〇九	〃
五一〇	〃
〃	〃
五一二	梁
五一二	北魏
五一三	〃
〃	〃
〃	〃
五一四	〃
五一五	〃
五一六	梁

列伝には、「晉安帝時、有倭王賛」と、また、『南史』列伝には、「晉安帝時、有倭王讃遣使朝貢」と、倭王讃の名が記録されていて、『晉書』の記事を補足しているのです。参考までに、高句麗の大陸王朝への朝貢のすさまじさが見てとれるのが図8です。

　これによりますと、第二〇代長寿王が北魏をメインに、恭順の意を尽くしたことがうかがわれます。少なくとも二年に一度は使節を出していることになりますが、国際関係の外交、自国の安全のためには宗主国だけはなく、あえて宗主国に敵対する国にまで誼を通じていたのです。この点に関して、高句麗に連れていってもらった、朝貢品は高句麗に用意してもらったなどは、国際関係を無視したまったくおかしな話なのです。

図9　百済の宋への朝貢(416〜440年)

年	百済本紀	宋書百済国伝
416年	東晋の安帝、王を鎮東将軍百済王に冊命	
420年		宋の武帝、王を鎮東大将軍に昇進させる
425年		百済王、以後毎年使者を派遣、方物を献上
430年	使者を派遣、先王の爵号を冊命授与される	百済王餘毗が貢物献上
440年	使者を宋に派遣、朝貢	

もう一つ、東晋、宋から各国への叙勲の格差・順位に関してです。倭国は、高句麗・百済に比べて低く見られていて、それは当時の東アジアの関係からもはっきり読み取れます。具体的には、百済は宋から「鎮東大将軍」を賜っているのに対して、倭国は無位であり、百済より後発国と見做されているといった理由からです。百済はすでに東晋に数回使節団を出していて、東晋からの最後の除正が「鎮東将軍」でした。そして数年後、宋の時代になると晋の後継王朝である宋は、初代皇帝即位のめでたい年でもあったことから、号を進め「鎮東大将軍」としたのでした。

これに対し倭国は、宋にとっては馴染みのない国で、特に除正を賜るという意向だけで、実現には至っていませんでした。ところが、倭国は、百済を自国の管轄下に置くように求めていますが、東晋、そして後継の宋にとって、過去忠誠を尽くしてきた百済という国を、倭国のいうままに、軍事管轄圏内に編入させてしまうことは、信義上も考

写真１　安羅国王宮と高殿跡（現在の忠義公園裏地）

図10　安羅国王宮と高殿跡

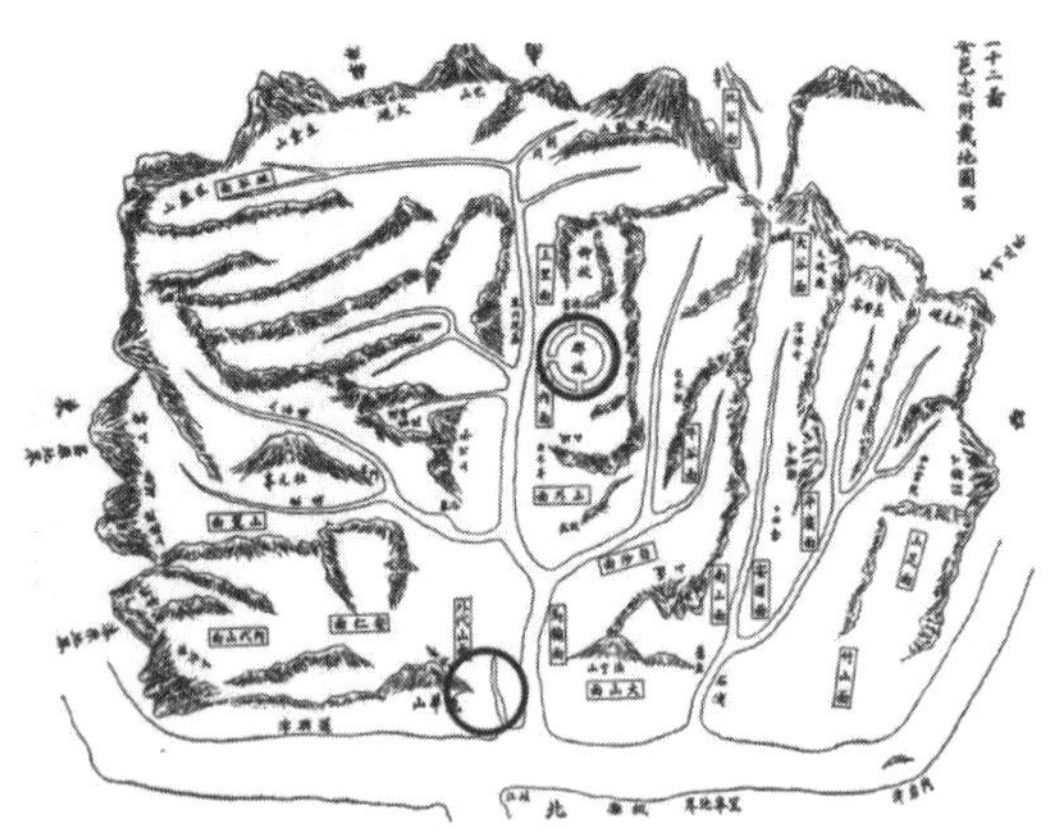
上〇印が王宮、下〇印が高殿
朝鮮総督府編集『朝鮮考古資料集成15古蹟調査特別報告 大正六年度』（出版科学総合研究所）より

えられないことでした。

こうした、倭国の官位をめぐっての記述から、倭国のレベルを百済以下と考える研究者たちが多いのです。すでに倭国と百済の関係は、倭国が百済の宗主国のレベルにあったことは明白な事実であるにも拘らずです。

このような叙位・叙勲から、むしろ倭国が、新羅をはじめとする朝鮮半島南部（慶尚南道・全羅南道）全域を押さえていたことに注目すべきでしょう。筆者は、韓国側の学者によって指摘された、安羅市内にある安羅国王宮と高殿跡を訪れてきました。現在は、朝鮮戦争時に北朝鮮軍が南進したのを、国連軍が北朝鮮軍の釜山進攻を食い止めたという顕彰碑がある広場のすぐ横の台地に、任那日本府とされる館跡が発掘されたことを記した案内板が建てられています。

図11は、「倭の五王」が、宋、斉、梁王朝から下賜された官号および爵位の一覧表です。

もう一つ、高句麗の地政学上の位置です。西晉は、三一六年に滅亡、旧満州と朝鮮半島西北部の要衝、楽浪郡に高句麗が攻め込みます。この頃、高句麗は天の恵みか、華北への進出、中原への進出を図れた唯一の機会と、筆者は思っていましたが、案に違え、遼西・遼東の地には北燕・前燕などの有力な胡国が出現し、高句麗はその対応に大わらわとなったのです。図12の「倭国と朝鮮半島三国の朝貢」によれば、高句麗の目は南ではなく、当

図11　「倭の五王」官号および爵位

南朝	年次	倭王	分類	官号・爵位
宋	四二一	讃	冊封	安東将軍・倭国王
宋	四三八	珍	自称	使持節・都督倭　百済　新羅　任那　秦韓　慕韓六国諸軍事・安東大将軍・倭国王
宋	四三八	珍	冊封	（倭隋ら十三人に将軍号を申請して許される）安東将軍・倭国王
宋	四四三	済	冊封	安東将軍・倭国王
宋	四五一	済	加号 進号	使持節・都督倭　新羅　任那　加羅　秦韓　慕韓六国諸軍事・安東大将軍・倭国王（二十三人に郡太守号・将軍号を申請して許される）
宋	四六二	興	冊封	安東将軍・倭国王
宋	四七七	武	自称	使持節・都督倭　百済　新羅　任那　加羅　秦韓　慕韓七国諸軍事・安東大将軍・倭国王
宋	四七八	武	冊封	使持節・都督倭　新羅　任那　加羅　秦韓　慕韓六国諸軍事・安東大将軍・倭王
斉	四七九	武	冊封	使持節・都督倭　新羅　任那　加羅　秦韓　慕韓六国諸軍事・鎮東大将軍
梁	五〇二	武	冊封	使持節・都督倭　新羅　任那　加羅　秦韓　慕韓六国諸軍事・征東大将軍

山尾幸久著『古代の日朝関係』（塙書房）を基に改編

図12　倭国と朝鮮半島三国の朝貢

	年	倭	百済	高句麗	新羅
東晉	317～420年	◯	◯◯⊗◯◯(詔)	◯◎	
宋	420～479年	◎◎◎◎◎◯◎	◯(詔)◯⊗	◯◎◯◯	
斉	479～502年	(詔)	⊗◯⊗	(詔)◯(詔)◯	
梁	502～557年	(詔)	◯◯(詔)(詔)◯◯◯	(詔)(詔)◯◯◯(詔)◯◯◯(詔)◯◯◯◯	◯(卍)
陳	557～589年		◯◯◯◯	◯(詔)◯◯◯◯	(卍)◯◯◯◯◯◯(卍)
		10回	24回	30回	10回

注１　◯朝貢 (詔)詔による冊封・進号 ◎朝貢＋冊封・進号 ⊗入朝失敗（暴風・妨害）(卍)仏法関連。(詔)の場合、冊封・授爵の示達使および答礼使をその都度出していたかは一部を除き不明

注２　百済は、このほか570 ～ 578年の間に北斉、北周と朝貢関係にあり、5回の往来を重ねている

時の東晉・宋に関心が移るのは、北に北魏が興ってからのことでした。高句麗は、北朝の諸国と宋以下、南朝への宋・斉・梁への保険をかけるため、倭国のことなど眼中にないのは当然のことでしょう。

すでに高句麗は、旧敵国倭国と倭王讃のために、対宋への朝貢に同行しようとか、朝貢品を倭国に代わって取りそろえるといった意思は、まったくなかったと断言できるのです。

時代は下って、唐の時代、日本からの遣唐使がアイヌの長老夫妻を同行し、皇帝に拝謁したという記録があります。長い銀髪で皇帝の歓心を買おうと思ったのでしょうか、日本の目論見は、「日本という国は、北方にも版図を広げ、大きな国」であるこ

とを顕示したというのが真相でしょう。したがって、倭王讃（仁徳天皇）も、やや気張って方物を取りそろえ朝貢に臨んだものと思われます。

その後、倭王讃は、四二一年と四二五年の二回、宋へ遣使しています。四二一年の遣使は、宋朝が四二〇年に成立した翌年にあたりますので、慶賀の使節で、倭王讃の確かな外交感覚がうかがえます。そして、倭王讃の最後の遣使は四二五年、『古事記』崩年干支によれば仁徳天皇の崩御は四二七年ですから、最晩年の宋への遣使でした。

仁徳天皇の崩年は、倉西裕子・筆者の説では四二七年ですが、これを裏付けるのが、『古事記』に記された崩年干支の丁卯です。そして去来穂別皇子（後の履中天皇）の立太子礼は四二七年となります。立太子＝先帝崩御が、当時の通例です。そして倭王讃の宋への遣使が四二五年、次の遣使は四三〇年ですから、この時の遣使は、履中天皇の下で実施されていると考えられます。仁徳天皇の崩御四二七年は妥当な線ではないでしょうか。

倭国と高句麗の戦役

倭国と高句麗の戦いですが、これは『三国史記』高句麗本紀（以下、「高句麗本紀」）にも、肝心の『日本書紀』にも記録されていませんが、なんと中国清朝末期に発見された高句麗の「広開土王碑」に、両国が朝鮮半島の覇権をめぐり攻防を繰り返していたことが刻まれていたのでした。この碑は、鴨緑江中流の北岸、現在の中国吉林省集安市にあり、筆者も訪れたことがあります。この碑は、四一四年に第二〇代長寿王によって、父王の生前の偉業を讃えるために建てられたものです。そこに刻まれた一七〇〇余字のうち、「倭」が一一文字あり、任那・安羅という朝鮮半島の小国の名も刻まれています。

倭国に関しては、次のように記されています。

三九一年（永楽）元年辛卯。百残（筆者注：百済に対する蔑称）・新羅、もとこれ属民にて、由来朝貢す。しかるに倭、辛卯の年よりこのかた、海を渡りて百残を破り、新羅を□□し、以て臣民となす。

［ここから仁徳天皇の治世下］

三九九年（永楽）九年己亥。百残誓いに違い倭と和通す。平壌に巡下す。しかして新羅、使を遣わし、王にもうして云う。「倭人その国境に満ち、城池を潰破し、奴客をもって民となす。王に帰して命を請わん」と。大王に恩慈、その忠誠を称し、特に使を遣わし、還りて告げるに密計をもってす。

四〇〇年（永楽）十年庚子。教して歩騎五万を遣わし、往きて新羅を救う。男居城より新羅城に至る。倭そのなかに満つ。官軍まさに至りて倭賊退く。倭のうしろより急追し、任那加羅の従伐城に至る。城すなわち帰服す。安羅人戍兵、新羅城、塩城を抜く。倭寇大いに潰え、城内の十九悉く倭・安羅人戍兵に随うを拒む……。

四〇四年（永楽）十四年甲辰。しかるに倭、不軌にして帯方界に侵入し、残兵（筆者注：百済に対する蔑称）と和通して石城を□し、□船を連ね□□□。王自ら率い征きて討ち、平穣より□□□先鋒相遇す。王幢倭寇を要截蕩刺す。潰敗、斬殺無数なり。

四〇七年（永楽）十七年丁未。教して歩騎五万を遣わし□□□□□□王師四方に合戦し、斬殺蕩尽す。獲るところの鎧鉀一万余領、軍資器械、数を称すべからず。還りて……を破る。

と、最終的には高句麗大勝と記録されています。

ところが、筆者も驚いたのですが、倉西裕子がその著『日本書紀の真実』のなかで、倭国と高句麗の戦役に関連して、戦役の発端、引き金となった年と、二十年におよぶ戦いの結果を暗示する年を、『日本書紀』から拾いあげていたのです。それは、

- 三九〇年　高句麗使が来倭。その上表文が無礼であると菟道稚郎子太子が破り、使節を追放。

図13　仁徳天皇陵(大山古墳)の平面形

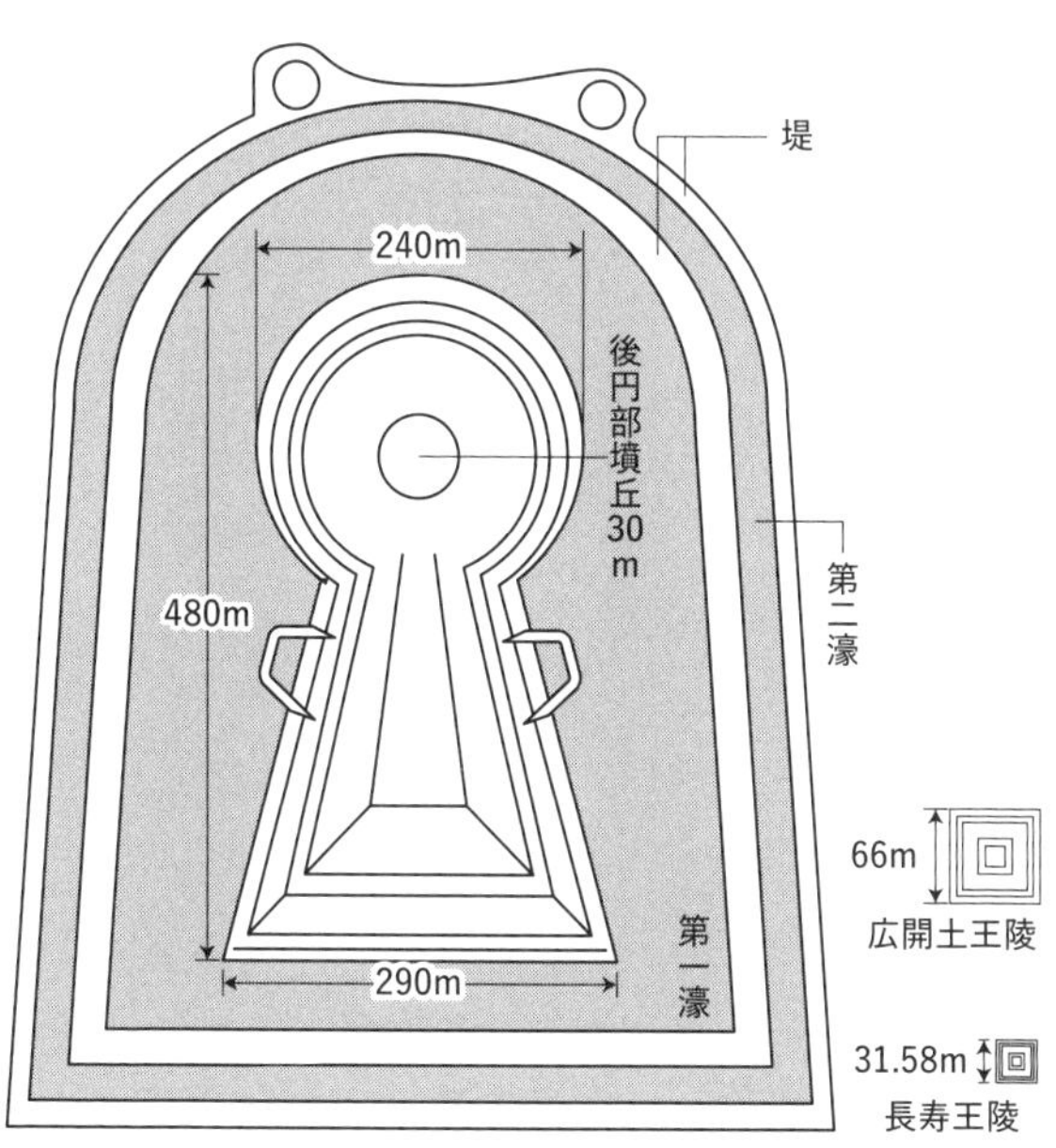

森浩一著、穂積和夫イラストレーション『巨大古墳』(草思社)の図を基に作成

・四〇八年　高句麗使の来倭と朝廷での饗応。弓矢の競射で双方交歓。

です。三九〇年の記事に関しては、専ら『日本書紀』は、百済からの王仁博士に師事し、漢籍と漢字を習得した太子を称賛するのが主眼でしたが、高句麗の上表文は、倭国の朝鮮半島からの撤兵を要求するものだったのでしょう。倭国としてはとうてい容認できるものではありませんでした。

一方、四〇八年（仁徳十二）の記録によると、倭国からの使節が難波（宮）から高句麗に赴いたのではなく、高句麗の使節が高句麗の平壌からやってきたのです。このことは、少なくとも高句麗との長い戦いの結果は、倭国側がやや有利に、百歩譲っても五分五分の戦いであったということなのです。

この頃、倭国の全国統一は進み、南九州（かつての熊襲・隼人）から、関東地方北部までを傘下に収めています。朝鮮半島での活動も強化されたのは、これら国力の増大にもあずかっていることは当然です。

図13は、朝鮮半島中南部で干戈を交えた仁徳天皇と、高句麗広開土王と長寿王の陵墓を比較した図です。仁徳天皇の陵墓は平坦地につくられ、高句麗の二王の陵墓は、鴨緑江中流（北岸）の狭隘な地にあって、単純には比較できませんが、その規模の差は誰しも驚かざるを得ないものです。国力の差は覆うべくもありません。先にも述べたとおり、筆者がこの「広開土王碑」を訪れた時には、すでに盗掘されていて、王と王妃のコンクリート製の棺のレプリカが置かれているのみでした。

四〇〇～四二〇年頃の百済と新羅

『三国史記』百済本紀（以下、「百済本紀」）では、

・三九七年夏五月……王は倭国と好（国交）を結び、太子の腆支を人質とした。
・四〇三年春二月……倭国の使者がやってきた。王は〔この使者を〕特に丁重にねぎらい迎えた。
・四〇五年秋……王が薨去。仲弟の訓解が政治をとり、太子の倭国からの帰国を待っていたが、末弟の碟礼が訓解を殺し自立した。腆支王は倭の協力を得て海中の島に立てこもり、時期を待ち（碟礼が殺された後）迎えられて帰国。
・四一八年夏……使者を倭国に派遣し、白の綿一〇匹を贈った。
・四二〇年春三月……王が薨去した。

となりますが、さらに両国の関係の深さを示す「百済本紀」による百済王家の系譜と倭国との関係図（図14）を作成してみました。西暦にして四〇〇年（直前）～五〇〇年の百年間の記録です。

この間、百済王は九名を数えますが、

①倭国王に無礼の言動を働いたため変死（重臣による殺害？）……辰斯王
②倭国によって擁立された王……阿莘王
③倭国へ太子（腆支）を人質として派遣……阿莘王
④倭国から帰国、擁立され即位……腆支王

図14 『日本書紀』と「百済本紀」による百済王家の系譜と倭国との関係

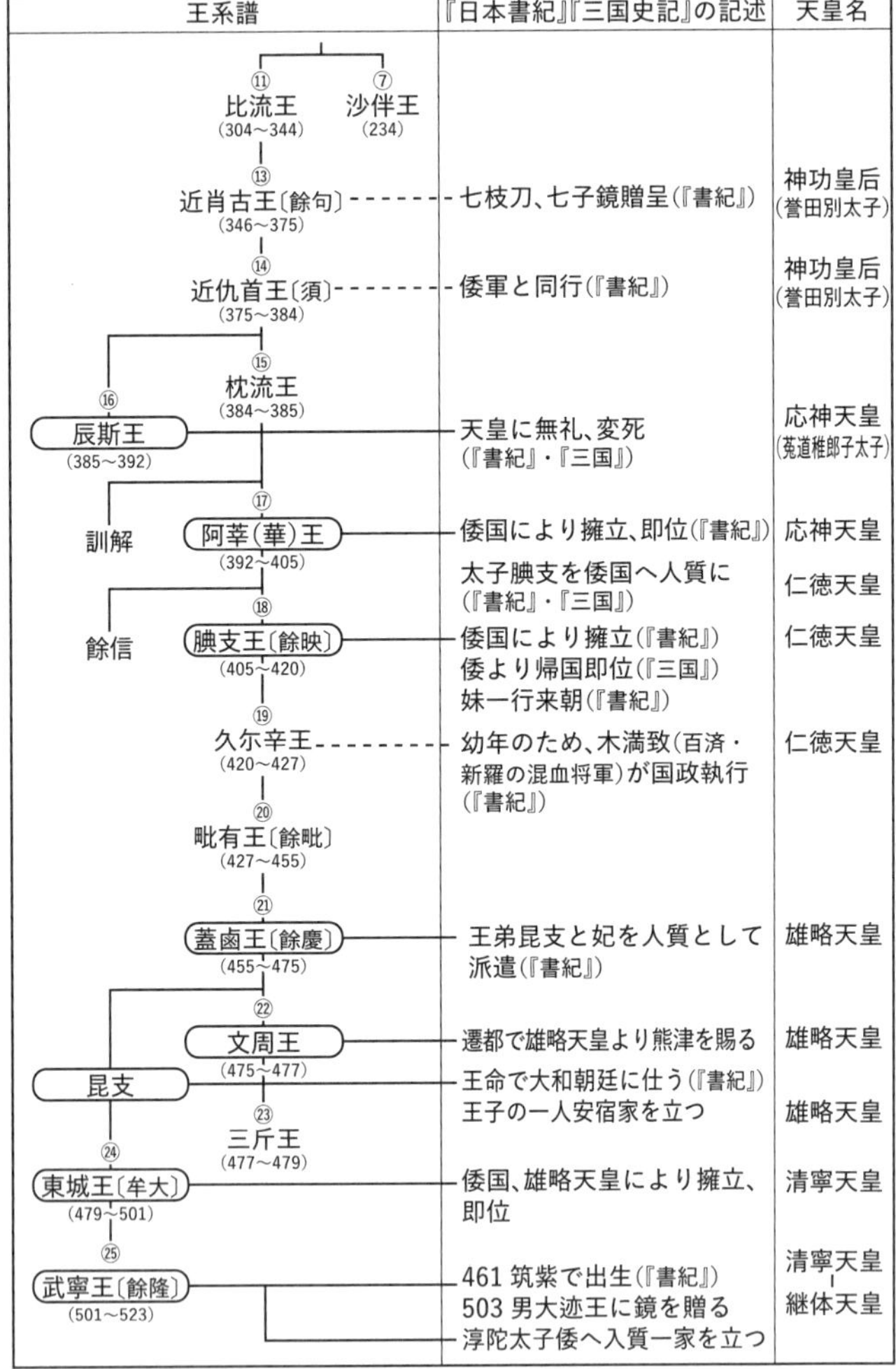

⑤弟昆支と妃（王の寵妃で妊娠中）を人質として倭国へ派遣……蓋鹵王

⑥昆支の次男で人質として来倭の末多王が（雄略天皇に）召され帰国、王に擁立……東城王

⑦東城王を継いで、倭国の筑紫加唐島（佐賀県唐津市）で出生の斯麻が王に即位……武寧王

⑧五〇三年、顕宗天皇の時、男大迹王（後の継体天皇）に長寿祈願の鏡を贈る……武寧王

⑨太子（淳陀）を五〇五年、武烈天皇七年、人質として倭国へ送る。一家を成し、一〇代後の高野新笠が桓武天皇の生母となる……武寧王

と、後代にまでわたって、倭国がこの時代、百済国の宗主国を任じ、行動していたのがわかります。そして次は、新羅との関係です。

倭国と新羅の関係

仁徳天皇治世中、『三国史記』新羅本紀（以下、「新羅本紀」）から、倭国に関する記録を拾ってみました。断片的ですが、倭国と高句麗の戦役のあおりを食らっている姿が浮かび

あがってきます。

・四〇二年三月……倭国と国交を結び、奈勿王（第一七代）の王子未斯欣を人質とした。

・四〇五年夏四月……倭兵が侵入し、明活城（慶州市）を攻めたが勝つことができなかった。撤収する倭軍を王は独山の南で待ち伏せし、再度戦ってこれを破り、三百余人を殺したり、捕らえたりした。

・四〇七年春三月……倭人が東部辺境に侵入した。

・同年春六月……また倭人が東部の辺境を侵し、一百人を奪い掠めた。

新羅の首都金城址の月城（半月城）を、筆者は二度ほど訪れたことがありますが、我が国の平安京と比べるとその規模は約五分の一、北は比叡山に相当する独立峰独山、東は東山に比べられる明活城があり、倭軍・倭人の集団を一〇回以上迎えています。小さな盆地に川を濠として、一〇メートル程度の石堤群・土塁に囲まれた天然の平山城で、城内に入ると今は全面草に覆われていて、かつては数十、数百の建物が建てられ、三五〇年頃から新羅滅亡（九三五年）まで偉容を誇っていたのでした。

・四〇八年春二月……王は倭人が対馬（日本長崎県）に軍営を置き、兵器や資材・食糧を貯えて、我が国を襲撃しようと準備しているとの情報をえた。〔そこで王は〕倭軍

写真２　小高い丘の上の月城（半月城）

図15　月城(半月城)平面図(門址は推定)

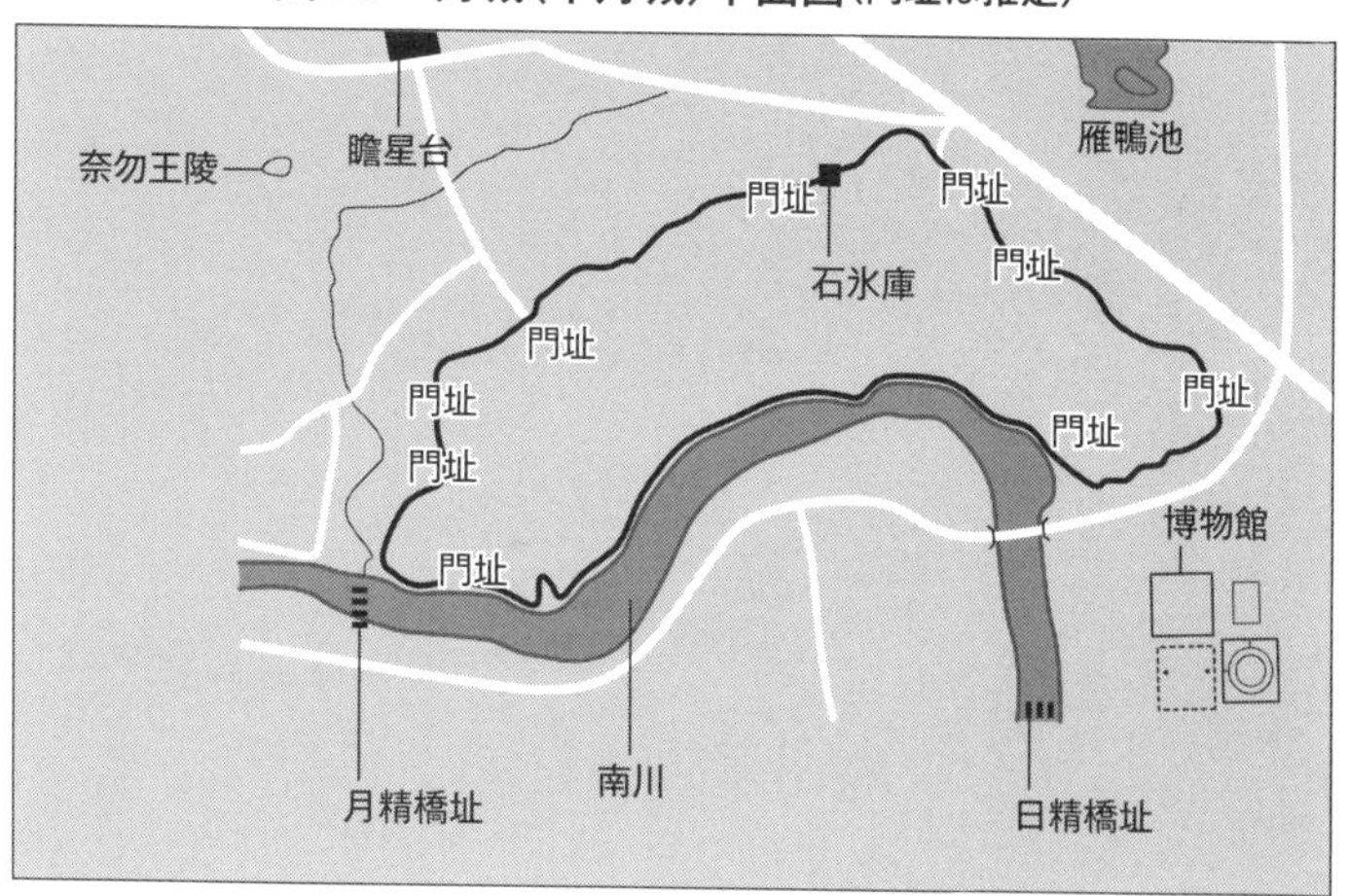

森 浩一監修、東 潮、田中俊明編著『韓国の古代遺跡 1新羅篇(慶州)』(中央公論社)の図を参考に作成

の動きだす前に、精兵を選び敵の兵站を撃破〔したいと思った。〕舒弗邯の未斯品は、「軍隊は凶器であり、戦争は危険なことと聞いています。大海を渡って他国を討伐し、万一勝利を失うならば、悔やんでも追いつかないのです。〔それゆえ、〕天嶮の地に関門を設けて、〔賊軍が〕来たならばこれで防ぎ、侵入して悪いことをしないようにさせましょう。〔わが軍にとって〕有利になれば、そこで出撃して賊軍を捕えるのです。これがいわゆる相手を意のままにし、相手には思いどおりにさせないことで、もっともよい策略です。」と答えた。王はこの意見に従った。

・四一二年……奈勿王の王子卜好を高句麗への人質とした。

時の実聖王はかつて先代奈勿王が自らを高句麗の人質として送ったことをうらみ、奈勿王の死後、王子である未斯欣を倭国に、その弟卜好を高句麗に追いやったのでした。いずれにせよ大国に挟まれた小国の悲哀というのでしょうか。自衛の力がなく、他国頼りの姿は哀れなものです。

・四一五年八月……倭人と風島で戦い、これに勝った。

・四一八年秋……王弟の未斯欣が倭国から逃げ帰ってきた。

以上が、仁徳天皇在位時にかかわる記事です。

我が国は、新羅建国（三四五年頃）から滅亡まで、新羅とはあまり友好的な関係ではな

図16　難波宮造営地形

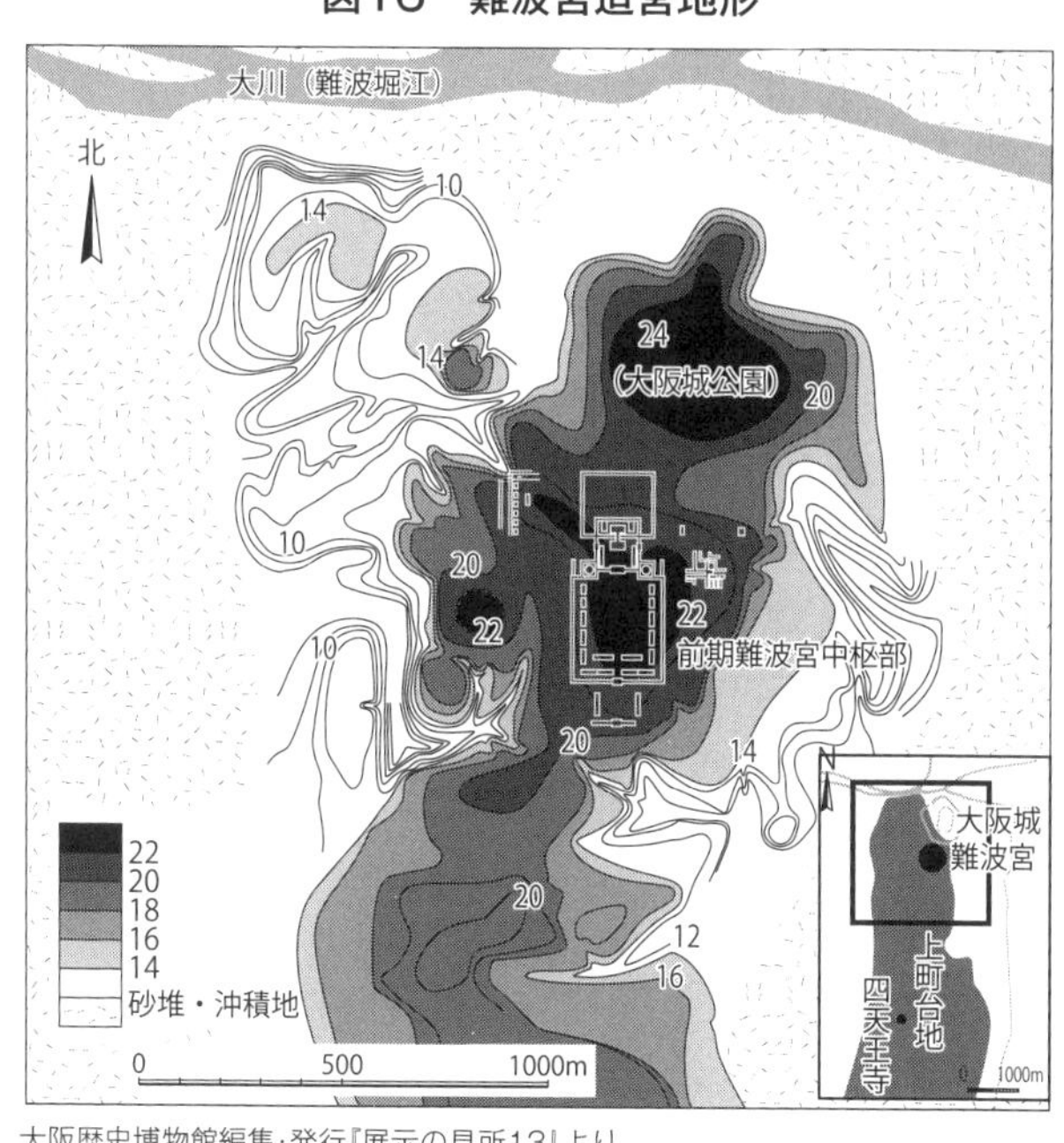

大阪歴史博物館編集・発行『展示の見所13』より

く、これは、両国の中間に任那諸国が存在していて、北からは高句麗、西からは百済の脅威にさらされ、小国分立のこの地を我がものにと食指（しょくし）を動かし、常に新羅がスキを狙っていたからと思われます。

倭国と高句麗の戦役にまつわる百済と新羅諸国の動きですが、四二五年に、高句麗が平壌を副都としてからは、四七五年の高句麗の百済王都（漢城（ハンソン））陥落までの五十年間、しばらく大きな戦いはなく、つかの間の平和が訪れることになります。

写真３　高津神社（高津宮跡）

仁徳天皇は、先帝応神天皇の即位（三九〇年）、崩御（三九四年）、菟道稚郎子(うじのわきいらつこ)太子との二帝並立（三九五・三九六年）を経て、三九七年に即位します。宮都は難波宮、宮跡は大阪湾と河内湖(かわちこ)を東西に望む、上町台地(うえまちだいち)の先端の最高地に位置しています。現在は難波宮跡公園として整備され、大阪歴史博物館、ＮＨＫ大阪放送局などの施設があります。有名な「高き屋に　のぼりて見れば　煙立つ　民のかまどはにぎはいにけり」の御製(ぎょせい)の歌のとおり、展望のきく高台にありましたが、宮跡の高津宮(こうづぐう)（高津(たかつ)神社）は秀吉による大坂城三の丸普請(ふしん)に際し、現在の大阪市中央区高津一丁目に遷座(せんざ)を余儀なくされています。

第三章

倭王珍は履中天皇

第一七代去来穂別皇子（後の履中天皇）は、仁徳天皇と皇后磐之媛の間の第一子として生まれ、四二七年に仁徳天皇を継ぎ、太子に立せられ、翌四二八年に皇位に就きました。在位は、四二八〜四三三年の六年（実質五年三カ月）と短いものでした。生母磐之媛は葛城地方の豪族で、重臣でもある葛城襲津彦の娘であり、履中天皇も葛城襲津彦の孫娘の黒媛を后に迎え、盤石の天皇家の長であり続けたのです。しかし、この黒媛を后をめぐって、同母弟の住吉仲皇子と後述のような骨肉の争いとなり、次弟の瑞歯別皇子（後の反正天皇）の助けをかりて、危うく難を逃れたという事件に遭遇しています。

わずか六年という短い治世でしたが、内政では、即位後履中二年に、皇位継承に功があった弟の瑞歯別皇子を皇太子に任じ、同四年には諸国に国史を置き、六年には内蔵寮の前身である蔵職を定めるなど、宮廷組織の整備を行っています。

一方、外交面では、四三〇年に宋への遣使を実施し、父である仁徳天皇の崩御と自身の即位の報告、並びに重臣への官位の下賜を願い出ています。そして四三一年には新羅の東部の辺境を侵し、首都金城を守る明活城を包囲したと「新羅本紀」に記されているように、朝鮮半島南部の任那・加羅をめぐって新羅と争い、首都まで包囲する軍事力を展開させていました。

『宋書』の大きな間違い「讃死、弟珍立」

履中天皇自身思いもよらなかった事態が、『宋書』の間違いによって、後世になって出来(しゅったい)しました。それは、『宋書』列伝による元嘉七年（四三〇）の「讃死、弟珍立、遣使貢献。……」の記事です。この倭王讃（仁徳天皇）の弟、珍という『宋書』の記事を奇貨(きか)として、多くの学者たちは、履中天皇の在位はなかったとか、『日本書紀』の伝える天皇家の系譜は誤りだったという説を唱えています。ところが、「讃死、弟珍立」にあたる弟珍は、去来穂別太子（後の履中天皇）であり、倭王讃（仁徳天皇）の跡を継ぐ弟珍に相当する人物は、ほかには存在しなかったのです。次の系図（図17）から、これらの説が如何(いか)に思い付きに過ぎないものであるかが、明らかになります。

応神天皇は、後継者に皇后仲姫所生の大鷦鷯皇子（後の仁徳天皇）と、皇后の姉高城入姫(たかきいりひめ)所生の大山守皇子、そして宮主宅媛(みやぬしやかひめ)所生の菟道稚郎子皇子の三名を考えていました。その後、最年少ながら寵愛していた菟道稚郎子皇子を日継(ひつぎ)として太子に立てましたが、応神天皇の崩後、大山守皇子と菟道稚郎子太子は、大鷦鷯皇子と相戦い、いずれも敗れ去り、大鷦鷯皇子が天皇位を継ぐことになりました。なお、応神天皇には、そのほかに七名の皇子がいましたが、いずれも妃の出身が低く、バックアップする勢力もなかったので、皇位

図17　応神天皇～允恭天皇系図

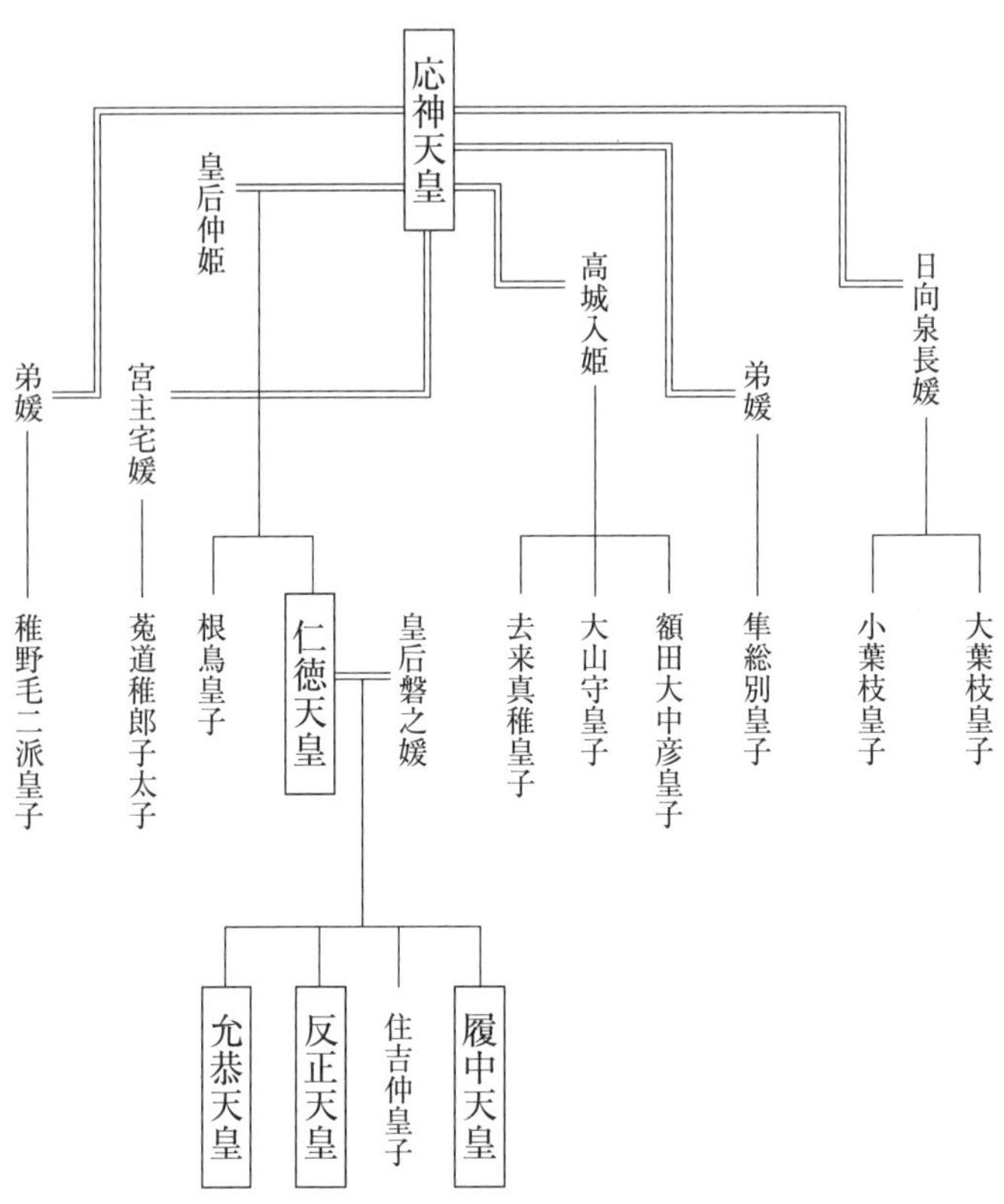

の対象者とはなり得ませんでした。

以上のことから、

①系譜上から履中天皇に比肩（ひけん）する対抗馬となり得る実弟・義弟の存在はいないこと

②仁徳天皇の皇后磐之媛は、葛城地方の名家葛城襲津彦の息女で、葛城家出身以外の弟がいたとしても、皇后が皇位の継承を許すはずがないこと

などによって、「讃死、弟珍立」が『宋書』の誤りであることは明らかです。

そして「倭隋」について

『宋書』には、この四三〇年の宋への遣使で、宋に対して倭王珍は、「珍又求除正倭隋等十三人平西、征虜、冠軍、輔国将軍号、詔並聴」とあります。この除正では、個人名と思われる「倭隋（わずい）」という名称が使われています。この「倭隋」に関して、筆者は、倭王珍（履中天皇）に次いで、ナンバー2の人物であったと考えています。

『日本書紀』履中天皇紀には、履中天皇は即位にあたり、思いもかけなかった事件に遭遇したことを伝えています。それは即位前の出来事で、実弟の住吉仲皇子が、履中天皇が皇妃にしようと思っていた葛城襲津彦の孫娘黒媛を、夜陰に紛れ奸（おか）してしまったのです。事

件が表沙汰になるのを怖れた住吉仲皇子は、難波宮に火をつけ太子を亡き者にしようと兵を挙げたのですが、難を逃れた太子は石上の振神宮に逃げ込みました。この時太子を助けたのが、瑞歯別皇子（後の反正天皇）でした。兄の窮状を知り、依頼を受けた瑞歯別皇子は難波宮に赴き、住吉仲皇子に近習する隼人の刺領巾を籠絡、味方につけて住吉仲皇子を殺害することに成功したのです。しかし、主人である住吉仲皇子を弑逆した刺領巾は、そのことを深く悩み、殺害を依頼した瑞歯別皇子が派遣した人物に自らの首を差し出したのでした。この出来事は、当時の人々には余程記憶に残ったのでしょう、「刺領巾」の名を後世に伝えています。

ここで注目するのは、履中天皇が実母弟である瑞歯別皇子の助力に、心から感謝していたことです。即位二年目に、瑞歯別皇子を皇太子に立てたことからもわかります。即位後二年での後継者指名は、筆者の知る限り、神功皇后の誉田別太子を除き、ほかに例を知りません。この瑞歯別皇子こそ、これまで誰もふれることがなかった「倭隋」なのです。

というのは、四三〇年の遣使で珍は、「安東将軍、倭国王」と「倭隋」ら一三人に「平西、征虜、冠軍、輔国将軍号」の除正を求め、授与されています。この一三人のうち安東将軍と同格の平西将軍を授与された「倭隋」について、この頃倭国には珍とは別に大王（天皇）となり得る「倭」姓を名乗る王族集団が存在していて、そのリーダー「倭隋」がその人物だという研究者がいます。しかし、筆者は「倭隋」は履中天皇の即位を援け、天皇位を万全なものにした瑞歯別皇子にほかならないと考えています。「平西、征虜、冠軍、輔国将軍」の官位が、天皇家に連なることのない豪族たちへ授与されたのではないのです。

履中天皇と朝鮮半島

『日本書紀』ではまったくふれていませんが、

- 四二八年　倭国の使者がやってきた。〔使者に〕従ってきた者が、五〇人いた。（「百済本紀」）
- 四三一年夏四月　倭兵が侵入して東部の辺境を侵した。〔ついで〕明活城を包囲したが得るところなく退却した。（「新羅本紀」）

と、朝鮮半島に関して『三国史記』は記しています。四二八年の「百済本紀」の記事は、仁徳天皇崩御、履中天皇即位の通知の使者と思われます。一方、新羅とは積年の任那地方をめぐっての争いが、まだまだ続いていたことがわかります。それにしても、新羅の明活城は、首都金城から東へ一キロメートルにも満たない距離にある山城で、京都でいえば東山にあたる要衝の地で、ここまで倭軍が押し寄せてきたことに改めて驚かされます。

知られざる履中天皇ゆかりの「磐余池」の発掘

宋への使節の派遣とは、直接関係がないのですが、履中天皇が磐余の稚桜宮で即位し、磐余に都したと、『日本書紀』は伝えています。そして、現在の桜井市池之内、天香具山の東北に「磐余池」をつくり、両枝船を池に浮かべて、舟遊びに興じたという記事があります。

また、冬十一月、天皇は皇妃とともにこの池に船を浮かべ遊宴を催していたところ、桜の花がひらりと盃に落ちたので、「花の季節でもないのに」と不思議に思った天皇は、物部連に、「どこの花か探してこい」と、詔をしたといいます。さっそく物部連は、その桜の花を尋ね、「掖の上の室山（御所市室付近の山）」で見つけ献上したところ、天皇はその桜の花の珍しいのを喜んで、宮の名前を「磐余の稚桜の宮」としたという逸話が、『日本書紀』に記されています。履中天皇の雅で風流な暮らしの一端がうかがえますが、「掖の上の室山」というのは葛城地方最大の古墳である室宮山古墳のことです。この古墳に葬られているのは葛城氏の祖で、履中天皇の曾祖父にも当たる武内宿禰の墓所でもありま

図18 「磐余池」周辺図

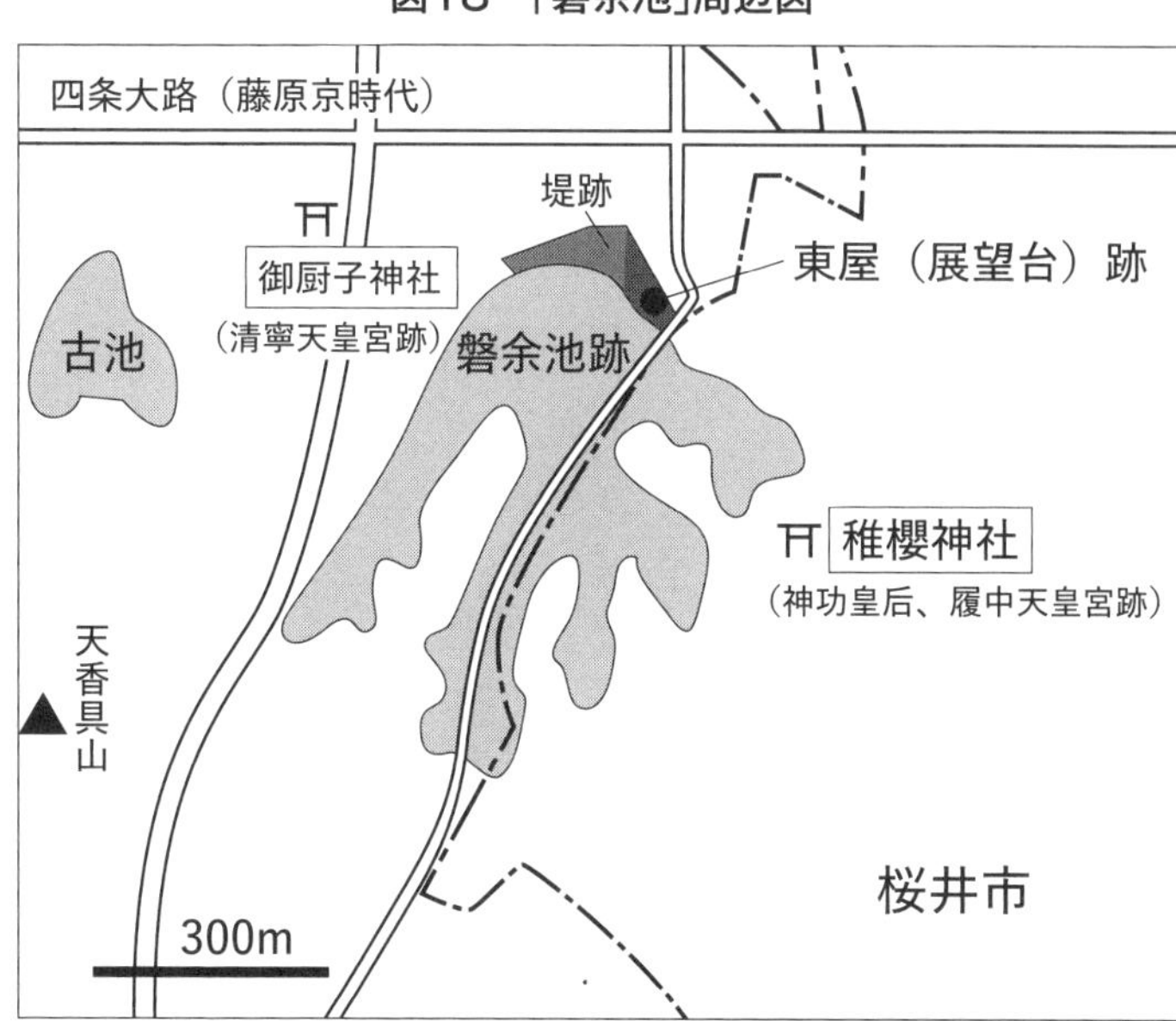

す。履中天皇の生母磐之媛は宿禰の長子葛城襲津彦の娘、また履中天皇自身も襲津彦の孫娘である黒媛を妃に迎えています。この「磐余池」の堤跡が平成二十七年（二〇一五）、発掘調査で見つかり、これまでの調査結果とあわせ、その全貌が明らかになりました。

天香具山の北東、戒外川（かいげがわ）東岸から西方の御厨子（みずし）観音（妙法寺）が位置する丘陵にかけて、長さ三〇〇メートル、幅二〇～五五メートル、高さ二～三メートルの土手状の「高まり」が存在し、古代には、堤の南側に巨大な池が広がっていたことが判明したのでした。現在堤の上は畑や宅地に、池の部分は水田となっています。かつて筆者は、その堤の跡を訪れ、広々とした水田と、堤の上に十数軒の住宅が建てられているのを目にしてきました。そこで、現地に建てられている案内板の図を参考に、神功皇后、履中天皇の宮跡推定地稚櫻（わかざくら）神社と、清寧天皇の宮跡といわれる御厨子神社など「磐余池」周辺地図（図18）を作成してみました。

第四章

倭王珍の第二回目の遣使は反正天皇によるもの

歴史に埋もれた反正天皇

在位六年（実質五年三カ月）で崩じた履中天皇の後を受け、反正天皇が四三四年正月に即位します。反正天皇は歯並びが特殊であったのか、『日本書紀』反正天皇紀には、「生まれて歯は一つの骨のようだった」と、記されています。反正天皇はかなり短命で、その生涯もよく知られていません。淡路宮で生を享け、難波宮で育ち、履中天皇の即位にあたっては先に記したように天皇を助け、履中天皇崩後は、河内柴籬宮で政務をとっていました。在位も短く、また、第三皇子という立場だったことからなのでしょうか、皇妃津野媛は大宅臣の祖木事臣の娘で、朝廷内での勢力は弱かったのではないかと想像されます。

事実、反正天皇崩後、津野媛の妹弟媛との間に高部皇子がいたのですが、幼かったためか後継者候補にものぼらず、また三人の皇女たちのその後についても不明で、履中・反正・允恭の三兄弟のなかでも不遇であったのは否めません。

後年、履中天皇の孫の仁賢天皇が、反正天皇の宮があった柴籬宮跡（大阪府松原市上田七丁目）に、祖父履中天皇擁立に際して尽力してくれた遺徳をしのんで、反正天皇を祭神とした柴籬神社を建立しています。

柴籬神社の由緒書によれば、宮跡は大津道（長尾街道）と丹比道（竹内街道）のほぼ中

写真４　柴籬神社（柴籬宮跡）

央に位置し、いずれも難波大道（なにわだいどう）へとつながり、大和の石上、磯城（しき）、忍坂（おさか）、朝倉、磐余、そして飛鳥、葛城への要路に近接しています。また、仁賢天皇陵も、宮跡の近くの大阪府藤井寺市青山三丁目にあることから、この辺の地理にも詳しく、荒れ果てていたと思われる宮跡の地に神社をと、考えたのではないでしょうか。なお、この神社では毎年八月八日の午後八時八分、四〇〇灯のローソクで境内を照らす、我が国でも珍しい「歯神社祭（はがみしゃさい）」が催されています。これも『日本書紀』の「生まれて歯は一つの骨のようだった」という記事にあやかったものと思われます。

遣使は反正天皇崩御後に到着

反正天皇に関して最大の謎が、宋への遣使があったかどうかということです。倭王珍は、四三〇年と四三八年の二回の遣使を行ったことになっています。ところが、二度目の倭王珍の遣使は履中天皇崩後で、反正天皇の治世と允恭天皇元年にまたがっているのです。これはあり得ないことです。この頃は暦の時代にだいぶ近づいてきていて、『古事記』の崩年干支が履中天皇崩四三二年、反正天皇崩四三七年と、符合しているのです。また、反正天皇は、履中天皇の同母弟で、兄である履中天皇の即位を支え、その功によって皇太子に任じられていますので、反正天皇の在位は確実なものです。ただし、治世の期間が短く宋への遣使には三カ月から一年程度の期間を要することから、治世内での遣使は難しいものと考えられます。

『宋書』によりますと、倭王珍による第二回目の遣使は、四三八年夏四月とありますが、どう考えても遣使団の編成、出発は四三七年の秋か冬ではなかったかと考えられます。しかし派遣を命じたのは反正天皇で、単純に倭国王の名で遣使して、宋側が前回同様の王名で単純に「珍」と記載してしまったのか、あるいは四三〇年と四三八年の遣使朝貢が時間的に近かったので、宋側が単純なミスで、前回通り「珍」と記録してしまったことなどが

図19　仁徳天皇〜反正天皇遣使朝貢年表

宋書（西暦）	日本書紀（筆者説）	古事記崩年干支	事項
413年			仁徳天皇（讃）第1回遣使
421年			仁徳天皇（讃）第2回遣使
425年			仁徳天皇（讃）第3回遣使
	427年	丁卯	春正月仁徳天皇崩御
	428年		春2月履中天皇即位
430年			春正月履中天皇（珍）遣使
	433年	（432年壬申）	3月履中天皇崩御
	434年		春正月反正天皇即位
	437年	丁丑	春正月反正天皇崩御
438年			夏4月反正天皇（珍）遣使
			冬12月允恭天皇即位

注　『古事記』崩年干支、崩御年は定説（那珂通世説）による

考えられます。本来であれば、倭王珍の二度目の遣使・来貢となれば、官号も同じでも、少なくとも「大将軍」へ昇格するといった手続きが取られていたはずと考えられるのです。

反正天皇は生前、宋への遣使を命じたものの、その年（四三七年）の春正月に崩御となり、準備には時間がかかったものの、翌年夏四月に、遣使は宋に到着を果たしたのです。すでに先帝履中天皇（倭王珍）は崩御していて、『宋書』が「珍」と記したのは明らかな間違いです。省みますに、反正天皇の事績は残されていませんが、筆者としてはこの宋への遣使が、天皇の遺した唯一の業績ではなかったかと考えています。

この間、時間的に矛盾が生じていますが、

①明らかに『日本書紀』では、この間空位一

写真５　反正天皇 百舌鳥耳原北陵

図20　反正天皇陵地形図

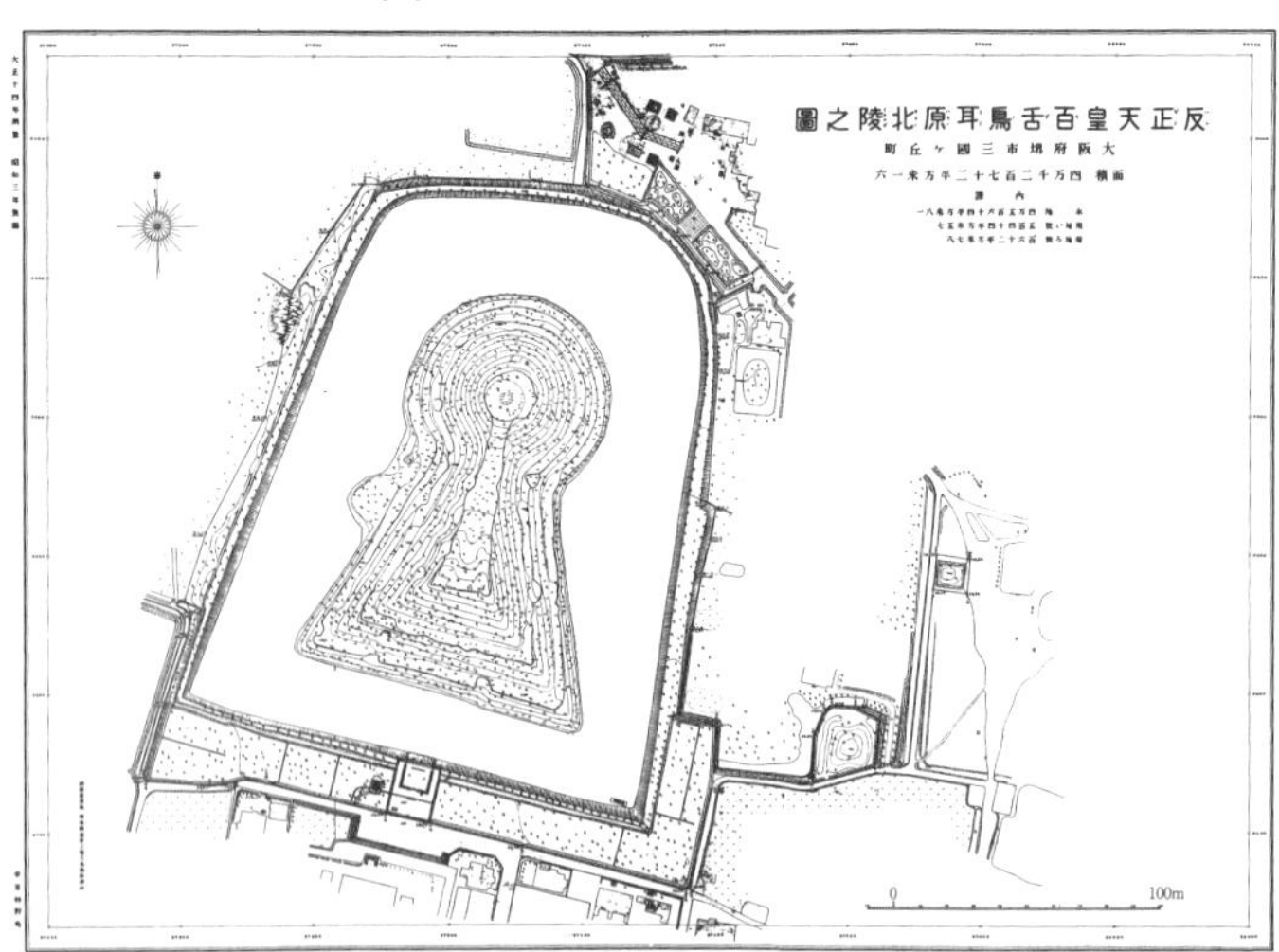

宮内庁書陵部陵墓課編『陵墓地形図集成〈縮小版〉』（学生社）より

年の紀年の延長が図られていること

②次の允恭天皇が、健康上の理由で即位を辞退し続け、一年程の空位が生じていること

この二点が考えられるのです。

第五章

倭王済は允恭天皇

即位を辞退し続ける允恭天皇

允恭天皇は、即位四三八年、崩御四五三年の十五年余の治世を過ごしています。『日本書紀』によれば、反正天皇崩御は四三七年（反正五）春正月にも拘らず、閏月も含め実質二年間が空位同然となっています。允恭天皇は、即位の際、健康上の理由で、一、二年即位を辞退し、空位のまま時が過ぎたと、『日本書紀』は記しています。

反正天皇の治世が四年一カ月と短く、事績もまったくわからないため、『日本書紀』が治世四年に一年を加算している可能性があること。そして允恭天皇の即位前にも、一年空位と一年加算している可能性が大です。

しかし、『古事記』崩年干支は、履中天皇崩御四三二年、反正天皇崩御四三七年、允恭天皇崩御四五四年と記録しています。そして「倭の五王」による遣使、四三〇年（履中天皇）、四三八年（反正天皇）、四四三年・四五一年（允恭天皇）が、はっきり西暦と対応しています。また、「元嘉暦」「儀鳳暦」「グレゴリオ暦」が一致するのが、これまで度々述べてきたように、安康元年、西暦四五四年、という確定された年次が、大枠記録されていて、我が国のこの時代（西暦四〇〇～五〇〇年）についても大きな逸脱はなく、ほぼ正しい年次だと思います。

図21　反正天皇崩御年と允恭天皇即位年

天皇	年	干支	月	儀鳳暦				
				朔干支		グレゴリオ暦		
反正天皇	5年	庚戌	1	20	甲申	410	1	22
	注①反正天皇崩御		閏1	50	甲寅	410	2	21
			2	19	癸未	410	3	22
			3	49	癸丑	410	4	21
			4	18	壬午	410	5	20
			5	48	壬子	410	6	19
			6	18	壬午	410	7	19
			7	47	辛亥	410	8	17
			8	17	辛巳	410	9	16
			9	46	庚戌	410	10	15
			10	16	庚辰	410	11	14
			11	45	己酉	410	12	13
			12	15	己卯	411	1	12
		辛亥	1	44	戊申	411	2	10
			2	14	戊寅	411	3	12
			3	43	丁未	411	4	10
			4	13	丁丑	411	5	10
			5	42	丙午	411	6	8
			6	12	丙子	411	7	8
注②加算			7	41	乙巳	411	8	6
			8	11	己亥	411	9	5
			9	40	甲辰	411	10	4
			10	10	甲戌	411	11	3
			11	40	甲辰	411	12	3
			12	9	癸酉	412	1	1
允恭天皇	元年	壬子	1	39	癸卯	412	1	31
			2	8	壬申	412	2	29
			3	38	壬寅	412	3	30
			4	7	辛未	412	4	28
			5	37	辛丑	412	5	28
注③空位			6	6	庚午	412	6	26
			7	36	庚子	412	7	26
			8	5	己巳	412	8	24
			9	35	己亥	412	9	23
			閏10	4	戊辰	412	10	22
			10	34	戊戌	412	11	21
			11	3	丁卯	412	12	20
			12	33	丁酉	413	1	19
同	2年	癸丑	1	3	丁卯	413	2	18
			2	32	丙申	413	3	19
			3	2	丙寅	413	4	18
			4	31	乙未	413	5	17
			5	1	乙丑	413	6	16
			6	30	甲午	413	7	15
			7	0	甲子	413	8	14
			8	29	癸巳	413	9	12
			9	59	癸亥	413	10	12
			10	28	壬辰	413	11	10
			11	58	壬戌	413	12	10
注④允恭天皇即位			12	27	辛卯	414	1	8

内田正男編著『日本書紀暦日原典〔新装版〕』(雄山閣出版)より

わずか一、二年をめぐって、例えば加算・空位といった皇統譜上の年代表記に問題が起きていますが、これも本章冒頭に述べたように、允恭天皇の即位時のトラブルが尾を引いているのです。『日本書紀』によれば、反正天皇の崩後、すみやかな即位を求める皇后以下の重臣たちに対し、允恭天皇は半分本心、半分駄々をこねるような言辞を弄し、政局を混乱させています。

允恭天皇の言い分は、

①自分は幼少より身体が弱く、動作も緩慢で、父仁徳天皇や兄の去来穂別皇子（履中天皇）や瑞歯別皇子（反正天皇）からも馬鹿にされ続けてきた

②特に、自ら起こした「自傷事件」に驚いた仁徳天皇からは、「皇位を継ぐことはできぬ」と叱責されている

というものでした。そこで困り果てた皇后はじめ重臣たちが、なだめ、すかしたのですが、皇位を継ぐには、二、三年の年月を要したといいます。

常識的に考えると、二、三年の空位があったとは考えられず、年月も混乱したことから、二つの事情が重なって一年数カ月余の混乱が生じたと思われます。

允恭天皇は、歴代天皇のなかであまり話題になりませんが、その治世で注目すべき点では、

①宋への二回の遣使
②新羅の首都金城を攻略
③これは朝廷内のスキャンダルですが、『源氏物語』のモチーフにもなったといわれる実の皇子・皇女の恋愛事件
④氏姓制度の改革、盟神探湯（くかたち）の導入

などがあります。

新羅侵攻

まず新羅侵攻ですが、「新羅本紀」には、

①四四〇年、倭人が南部の辺境を侵した
②四四四年、夏四月、倭兵が十日間も金城を包囲し、食糧が尽きたので引き揚げようとしたのを、王が追撃しようとした。重臣たちが「兵法家の説では、窮地に立った賊軍は追撃してはならないといっています。」と言って止めたのを聞き入れず、数千余騎を率いて追撃し、独山の東で戦ったものの敗北し、将兵の大半が戦死した。敗色が濃かったこの戦いは、突然濃霧で一寸先もわからなくなった賊軍が、王には神の陰助が

あるのだと思って、退却したと、あります。新羅との戦いは、これまで何度もふれましたが、いずれも朝鮮半島南部の任那地方をめぐっての争いで、時々業を煮やした倭軍が、新羅の首都を急襲したものと思われます。倭国にとってはそれほど珍しいこととは考えられず、『日本書紀』には、新羅関連の記述は多くありませんでした。

宋への二回の遣使

允恭天皇（倭王済）の宋への遣使ですが、元嘉二十年（四四三）、允恭天皇にとっては初めての遣使朝貢にあたるため、特に宋の官号・爵位については、初めに訪れた倭王並みで、特に目新しい事実は記されていません。そして続く四五一年秋七月、允恭天皇は再び宋へ使いを出しますが、その際は「安東将軍」から「安東大将軍」への昇進が認められ、加えて「使持節、都督倭新羅任那加羅秦韓慕韓六国諸軍事」と、さらに上級職二三名については、倭王珍並みの官職が与えられました。これで倭王済が目指した宋での官職は、百済を除きすべて望みどおりに認められたことになります。

この「安東大将軍」以下の官職が、特に新羅・高句麗・百済三国に対して威を発揮したとは考えられませんが、当面、朝鮮半島南部の任那・新羅を中心とする地域の、倭国の軍事的優勢が認められたことになり、当地の安定化に寄与したものと思われます。

なお、この第二回目の遣使で注目されるのは、当時宋で公布された「元嘉暦」（四四五

図22　倭王珍と倭王済による宋への遣使

国名	宋		
皇帝	太祖文帝――453		
年号	元嘉一五年	元嘉二〇年	元嘉二八年
西暦	四三八	四四三	四五一
王名	珍	済	
天皇	允恭　438――453		
「倭の五王」関連記事	「夏四月己巳、以倭国王珍為安東将軍」（宋書帝紀、文帝）「是歳、武都王、河南国、高麗国、倭国、扶南国、林邑国並遣使献方物」（宋書帝紀、文帝） ●反正崩四三七年（『古事記』崩年干支）	「二十年、倭国王済遣使奉献、復以為安東将軍、倭国王」（宋書列伝、夷蛮）	「秋七月甲辰、安東将軍倭王倭済進号安東大将軍」（宋書帝紀、文帝）「二十八年、加使持節、都督倭新羅任那加羅秦韓慕韓六国諸軍事、安東将軍如故。并除所上二十三人軍、郡」（宋書列伝、夷蛮） ●允恭崩四五四年（『古事記』崩年干支）

～五〇九年採用）が招来されたことです。この暦は倭国にとっても画期的なもので、習得が進められ、早くも次弟安康天皇元年から採用されたものと考えられます。

空前の皇子・皇女のスキャンダル

允恭天皇は忍坂大中姫命との間に、木梨軽皇子、穴穂皇子（後の安康天皇）、名形大娘皇女、軽大娘皇女、八釣白彦皇子、大泊瀬幼武皇子（後の雄略天皇）、但馬橘大娘皇女、酒見皇女をもうけています。皇后が美貌であったことから、皇子、皇女ともに美男美女揃いで、特に第一子の木梨軽皇子は、拝謁した者みんながその容貌に感動したという美男子でした。一方、第二皇女の軽大娘皇女は、悩ましいほどの美しさであったといわれています。このような二人が、男女の恋愛が大らかな時代であった当時でも、同母兄妹の相姦だけは許されるはずはないと知りながら、離れられない仲となり、「いたずらに空しく死ぬよりは、刑にされるとしても、どうしてたえ忍ぶことができようか」と、密かに一線を越えてしまったのです。

この二人の仲は、世の人たちの知ることとなり、スキャンダルは瞬く間に全国に拡散することになります。これを憂えたのが允恭天皇であり、皇后の忍坂大中姫命であったと思います。允恭天皇在世中は二人をかばうことはできたでしょうが、天皇が崩御すると、これまでのタガが外れ、まず第二皇子の穴穂皇子が兵を挙げることになります。この間、木梨軽皇子と軽大娘皇女は最期（さいご）の時を過ごしながら、今も残る恋の歌をいくつか残しています。その一つ、

船が岸に当ってもどるように
きっともどってくるから
私の畳にふれてはならぬ
言葉こそは　畳といったが
じつは私の妻にふれてはならぬ

と、木梨軽皇子は、伊予に流される皇女への、悲痛な思いを伝えています。

木梨軽皇子は光源氏のモデル？

『源氏物語』の作者紫式部は、「日本紀（にほんぎ）の御つぼね」と渾名（あだな）されたほど、『日本書紀』に精

通していたといわれています。それでは、紫式部は主人公の光源氏を、『日本書紀』のどの時代、誰をモデルにしたのでしょうか？　絶世の美男、天皇の御子（みこ）で、周りから天皇として即位を期待されながら、皇位に就くことがかなわなかった人物、それも道ならぬ恋のスキャンダルが発覚したことによってです。

このテーマに挑戦したのが、筆者が度々参考にしてきた『日本書紀の真実』の著者倉西裕子です。彼女は光源氏のモデルと思われる人物として、允恭天皇の第一皇子木梨軽皇子を取り上げ、二人の共通点として、誰もが認める美しい容貌の持ち主であること。また、光源氏は、父桐壺帝（きりつぼのみかど）の寵妃藤壺宮（ふじつぼのみや）への思慕から、道ならぬ仲となり、須磨・明石へと流されていること。一方、木梨軽皇子は、同母妹の軽大娘皇女への想いが募り、罪を犯すことを知りながらどうしようもない想いから、一線を越えてしまい、一説によると軽大娘皇女とともに伊予に流されていることなどの共通点を挙げています。

そして最後に、平安時代の王朝文化を描いた『源氏物語』は、我が国最古の歴史書『日本書紀』をもとにして成立した文学ではないか、そして主人公の女性遍歴に見え隠れしながらも、激動の五世紀史を描いている、と指摘しています。この五世紀という時代は、高句麗と新羅の戦役などをめぐり、内政・外交にわたって困難を極めた時代であると同時に、国家統合への動きもまた、着実に進んでいた時代であったと、倉西は結んでいます。

允恭天皇の業績

允恭天皇は、即位にあたって自分はその器ではないと、天皇位に就くことを散々に辞退したのですが、『古事記』には、「姓を正し氏を撰びて、遠つ飛鳥に勒めたまひき」と、聖帝四人の一人に数えられています。当時乱れに乱れていた氏姓制度にメスを入れたことで、飛鳥京をメインに「盟神探湯」という方法で、氏姓が正しく定められ、詐称する人はなかったといいます。

允恭天皇は、前にも述べたように病弱で、あまり行動的な働きは見受けられませんが、晩年の皇子と皇女のスキャンダル、また没後とはいえ皇位をめぐって自分の子供たちが、血で血を洗う争いを起こすとは、思いもよらなかったことでしょう。

図23　応神天皇～武烈天皇系図

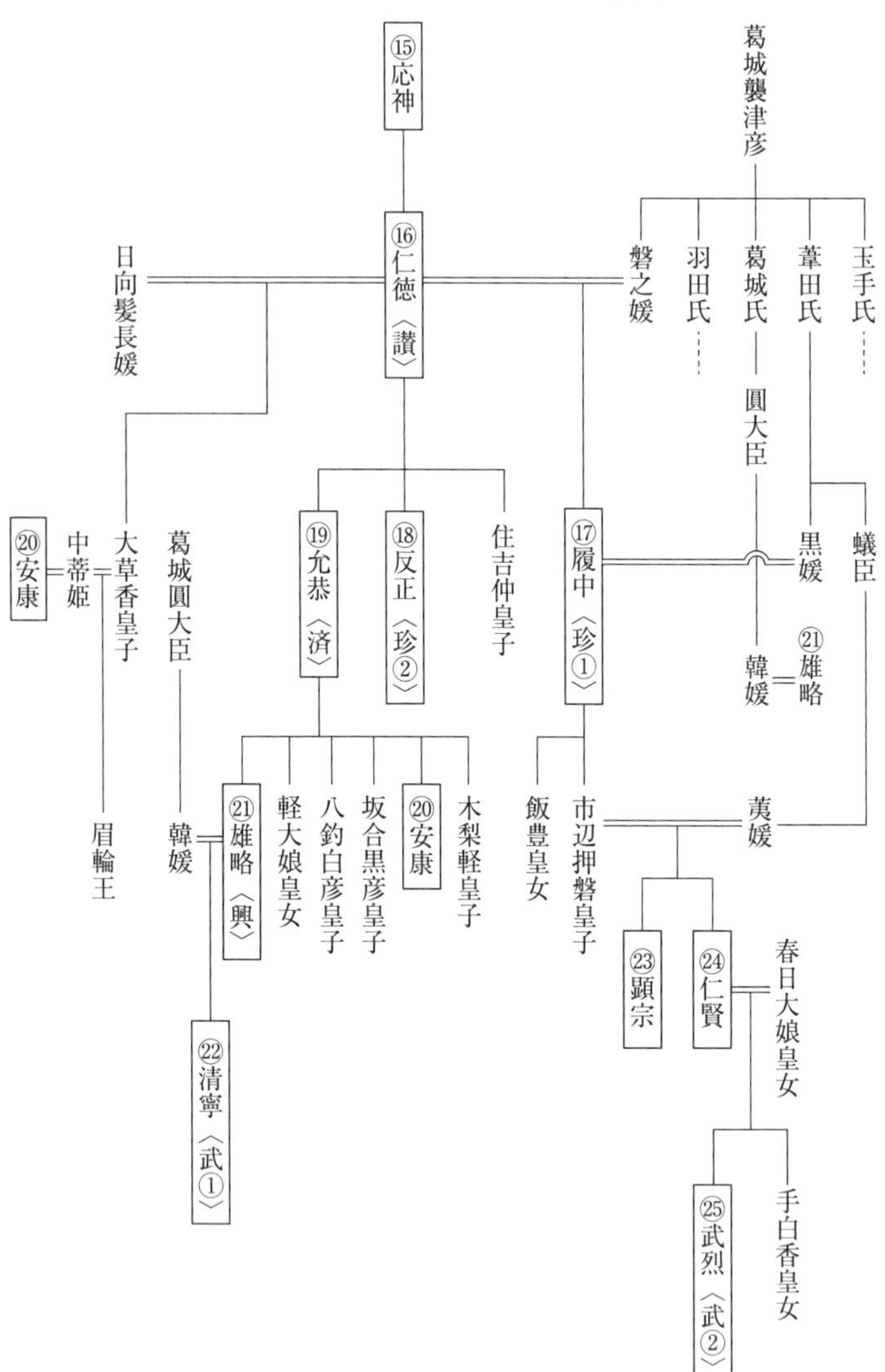

第六章

倭王興は安康天皇ではなく雄略天皇

『宋書』には影も形も見出せない安康天皇の治世

安康天皇は四五四年十二月に即位、四五六年八月に崩御と、実質二年にも満たない短い治世でした。治世の始まりは、スキャンダルを起こした実兄である木梨軽太子を自死に追いやったことからでした。さらに安康天皇は、こともあろうに仁徳天皇の皇子、叔父にあたる大草香皇子を殺害してしまいます。これは、安康天皇が、大草香皇子の妹草香幡梭姫皇女を、弟の大泊瀬幼武皇子（後の雄略天皇）の妃にと思い、重臣を遣わしたところ、その重臣が皇子から奉献された「押木玉縵」の美しさに目がくらみ、横取りしたうえに、大草香皇子が快諾したにも拘らず、「妹を大泊瀬幼武皇子の妻などにはできない」と偽って伝えた返事を信じたからでした。これを聞いた安康天皇は怒り狂い、兵を挙げ大草香皇子の家を取り囲み殺害し、さらに大草香皇子の妃中蒂姫を宮中に納れ、皇后としてしまったのです。

この件が発端となり、年月ははっきりしませんが、中蒂姫の連れ子である眉輪王が真相を知ることになり、皇后の膝枕で転寝をしていた安康天皇を刺殺するという事件が起こってしまいました。このことを知った大泊瀬幼武皇子は直ちに兵を挙げ、葛城圓大臣の宅に逃げ込んだ眉輪王を焼殺し、また、行を共にした兄の八釣白彦皇子と坂合黒彦皇子をも

写真6　安康天皇 穴穂宮跡

殺害しています。

倭王興が安康天皇でない理由

これが、安康天皇の治世の記録の大半を占めています。国政の改革、父允恭天皇に続く宋への遣使などは、とうてい考える余裕などはありませんでした。まして、この事件は同時に起きたとは考えられず、二年の間に起こったことと思われます。これが、倭王興が安康天皇とは考えられない理由の一つです。ただし、我が国の学会では、すでに倭王武を雄略天皇と思い込んでいるため、雄略天皇の前の安康天皇こそ、倭王興に違いないと考えてしまったのです。

もう一つ、倭王興が安康天皇でない重大な

写真７　安康天皇 菅原伏見西陵

理由があります。安康天皇の在位は、四五四～四五六年です。ところが、『宋書』の「興」の二回にわたる遣使の時期は、第一回目が四六〇年、そして第二回目が四六二年です。度々述べているように、安康天皇崩御の四五六年は、『日本書紀』使用の「元嘉暦」「儀鳳暦」と「グレゴリオ暦」が合致しています。そうしますと、四六〇年と四六二年の倭王興の宋への遣使は、安康天皇ではないことが歴然とします。したがって、倭王興は四五七年に即位した雄略天皇に比定できるのです。

この事実を、未だにほとんどの学者・研究者たちはなぜ認めないのでしょうか。これは、「暦」の知識・研究の不足にあると、筆者は残念に思っています。

図24　宋朝劉氏系図

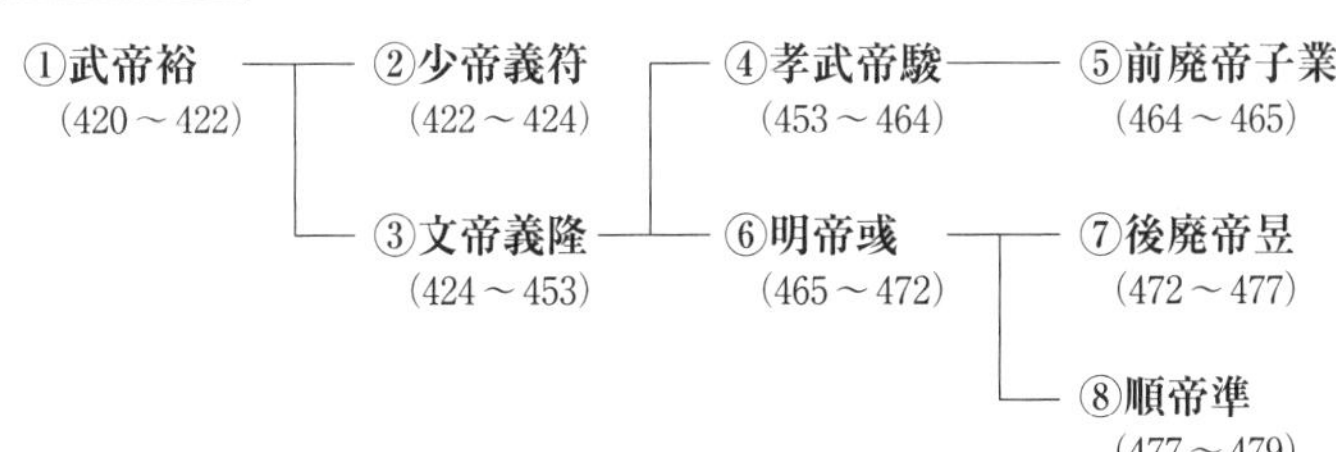

定説となっている倭王武は雄略天皇

第二一代雄略天皇は、江戸時代以来、倭王武として間違って比定されてきています。多くの学者たちは、雄略天皇の和風諡号が「大泊瀬幼武」であることから、単純に倭王武は雄略天皇に違いないとしてきたのです。「武」とか「幼武」という呼称は現在の「太郎・たけし」といったポピュラーな幼名ですが、第二二代清寧天皇は「白髪武広国（しらかのたけひろくに）押稚日本根子（おしわかやまとねこ）」、第二七代安閑天皇は「広国押武金日（ひろくにおしたけかなひ）」ですから、珍しいものではありませんでした。

一方、『日本書紀』雄略天皇紀には、年次は違いますが、二度にわたり遣使朝貢船が、指揮官の名前も含めて記録されていて、画期的な史料になります。図24は、宋の皇統譜ですが、雄略天皇の在位期間は、孝武帝から最後の順帝の間、二十数年にあたります。

雄略天皇(倭王興)による宋への遣使

次に掲げたのが（図25）、雄略天皇による四六〇年、四六二年の宋への遣使朝貢です。四六〇年の第一回目の遣使朝貢は、父允恭天皇の崩御（四五三年）の報告と、自身の即位の披露でしたが、なぜか実兄安康天皇の横死についてはふれていません。この時点で、未だ皇位継承の争いの余波が続いていて、世をはばかり、「世子（天子・諸侯の後継ぎ）」としたのではないかと考えられます。それにしても即位から、時間が経っています。

四六〇年の雄略天皇による第一回目の遣使が、即位から四年間が経過した理由は、次のような、皇位継承にあたっての雄略天皇の行動によるものでした。安康天皇が眉輪王によって殺害されたのを聞いた雄略天皇は、すぐさま兄たちを疑い、まず同母兄の八釣白彦皇子宅へ兵を向け殺害し、さらに葛城圓大臣宅に逃げ込んだ眉輪王と坂合黒彦皇子と、彼らをかくまった圓大臣をも焼き討ちにしています。また、兄安康天皇が後事を託したいと思っていた、履中天皇の皇子である市辺押磐皇子を狩猟と偽って誘い出し射殺したうえに、市辺押磐皇子の同母弟御馬皇子をも殺害するなど、皇位継承にあたってライバルたちを、徹底的に排除しているのです。

四六二年の第二回目の遣使は、通常の遣使朝貢ですが、詔には、倭王興が領土・辺境をよく守っていることを、宋の皇帝が評価していることがうかがえます。それ以降は、十五年後の四七七年となりますが、この最後となる遣使は、①雄略天皇本人によるものか、②雄略天皇の崩御を報じる、次帝清寧天皇（倭王武）によるものか、即断はできませんが、②の理由に、説得力があると筆者は考えます。

図25　雄略天皇による遣使

国名	皇帝	年号	西暦	王名	天皇	「倭の五王」関連記事
宋	世祖孝武帝 464—453	大明四年	四六〇	興	雄略 477—457	「一二月、倭国遣使献方物」（宋書帝紀、孝武帝）「済死、世子興遣使貢献」（宋書列伝、夷蛮）
		大明六年	四六二			「三月、以倭国王世子興為安東将軍」（宋書帝紀、文帝）「世祖大明六年、詔曰『倭王世子興、奕世載忠、作藩外海、稟化寧境、恭修貢職。新嗣辺業、宜授爵号、可安東将軍、倭国王』」（宋書列伝、夷蛮）
	順帝 —477	昇明元年	四七七	武①	清寧即位前紀	「冬十一月己酉、倭国遣使献方物」（宋書帝紀、順帝）

宋朝も、四二〇年の武帝から六十年後の、四七九年の順帝で幕を下ろすことになります。この四七九年は、順帝崩御をめぐり、宋朝は最後の混乱状態に陥ります。倭国も、『日本書紀』によりますと、四七五年に高句麗により百済王城が陥落し、国王・王妃はじめ王族全員が死去したことから百済王家の再興を図る救援軍の派遣など大混乱の最中で、宋への遣使どころではない事情もあったのでしょう、記述にも混乱が見受けられます。そのような混乱のなか、四七七年八月七日に雄略天皇は崩御します。そして、宋への遣使は、同年十一月に到着しています。朝鮮半島での戦況報告のための使者であったのか、雄略天皇の八月の崩御を知らせる次帝（清寧天皇）からの使者であったのか、使節団の航海日数を考えますと、ギリギリの線で、清寧天皇の遣使に間違いないと、考えられます。

雄略天皇と宋との関係

雄略天皇の在世中は、倭国と宋との間で、公の関係以上に、民間の貿易が盛んに行われていて、我が国の織物産業の基礎が、この時代につくられたのではないかと考えられます。『日本書紀』雄略天皇紀には、宋との交易の様子が、次のように伝えられています。

八年、春二月、身狭村主青(むさのすぐり)、檜隈民使博徳(ひのくまのたみのつかいはかとこ)を呉国（筆者注：当時倭国は中国の南部を呉と呼称していた）に遣使した。

一〇年、秋九月四日、身狭村主青(むさのすぐり)たちが、呉の献じた二羽の鵝〔鳥〕をもって筑紫に〔到〕着した。

一二年、夏四月四日、身狭村主青(むさのすぐり)と檜隈民使博徳(ひのくまのたみのつかいはかとこ)とを呉に使に出した。

一四年、春正月一三日、身狭村主青(むさのすぐり)らが、呉国の使と共に、呉の献った手末(たなすえ)の才伎(てひと)、漢織(あやはとり)、呉織(くれはとり)および衣縫(きぬぬい)の兄媛、弟媛らをひきいて、住吉の津に泊った。

この月、呉の客の道をつくり、磯歯津(しはつ)の路に通じるようにした。呉坂(くれさか)と名づく。

三月、臣、連に命じて呉の使を迎えた。そして呉人を檜隈(ひのくま)〔奈良県明日香村辺〕の野に安置した。それで呉原(くれはら)と名づけた。衣縫の兄媛を、大三輪の神に奉り、弟媛をば漢衣縫部(あやのきぬぬいべ)とした。漢織(はとり)、呉織の衣縫は、飛鳥の衣縫部、伊勢の衣縫部の先〔祖〕である。

と、特に一四年の条からは、技術の導入と定着を（飛鳥に）目論んでいたことがわかります。宋への朝貢船が頻繁でないなか、半官半民の倭国の船は、特別の目的をもって往復していた姿が浮かんできます。

呉（宋）への遣使の二名、身狭村主青と檜隈民使博徳は、河内、難波の出身と思われますが、宋への遣使は一方的なものではなく、宋からも工人、商人たちの訪れも繁く、産業の高度化に大いに力があったものと考えられます。

雄略天皇の治世末期（一）

雄略天皇にかかわる系図は壮大なものとなりますが、皇后・皇妃との間にもうけた皇子と皇女は、葛城圓大臣の娘韓媛との間に、白髪武広国押稚日本根子（清寧天皇）と稚足姫皇女、吉備上道臣の娘稚媛との間に、磐城皇子と星川稚宮皇子、そして春日和珥臣深目の娘童女君所生の春日大娘皇女の、わずか五名でした。自らの皇位継承にあたり、障害となる実兄たちや親族を次々と刃にかけてきた雄略天皇としては、こと後継者に関しては、不用意でした。

まず、吉備国から召した、稚媛所生の磐城皇子と星川稚宮皇子の二人です。吉備はいわゆる『魏志倭人伝』の時代から、ヤマト（邪馬堆）に次ぐ大国である投馬国（備後鞆の津・備前玉名）の後身で、瀬戸内海の山陽地方のほぼ全域を押さえていた大国です。ここから皇妃を娶り、二皇子が誕生したのですから、吉備国はもちろん、皇妃の周辺も次の天

図26　允恭天皇～清寧天皇系図

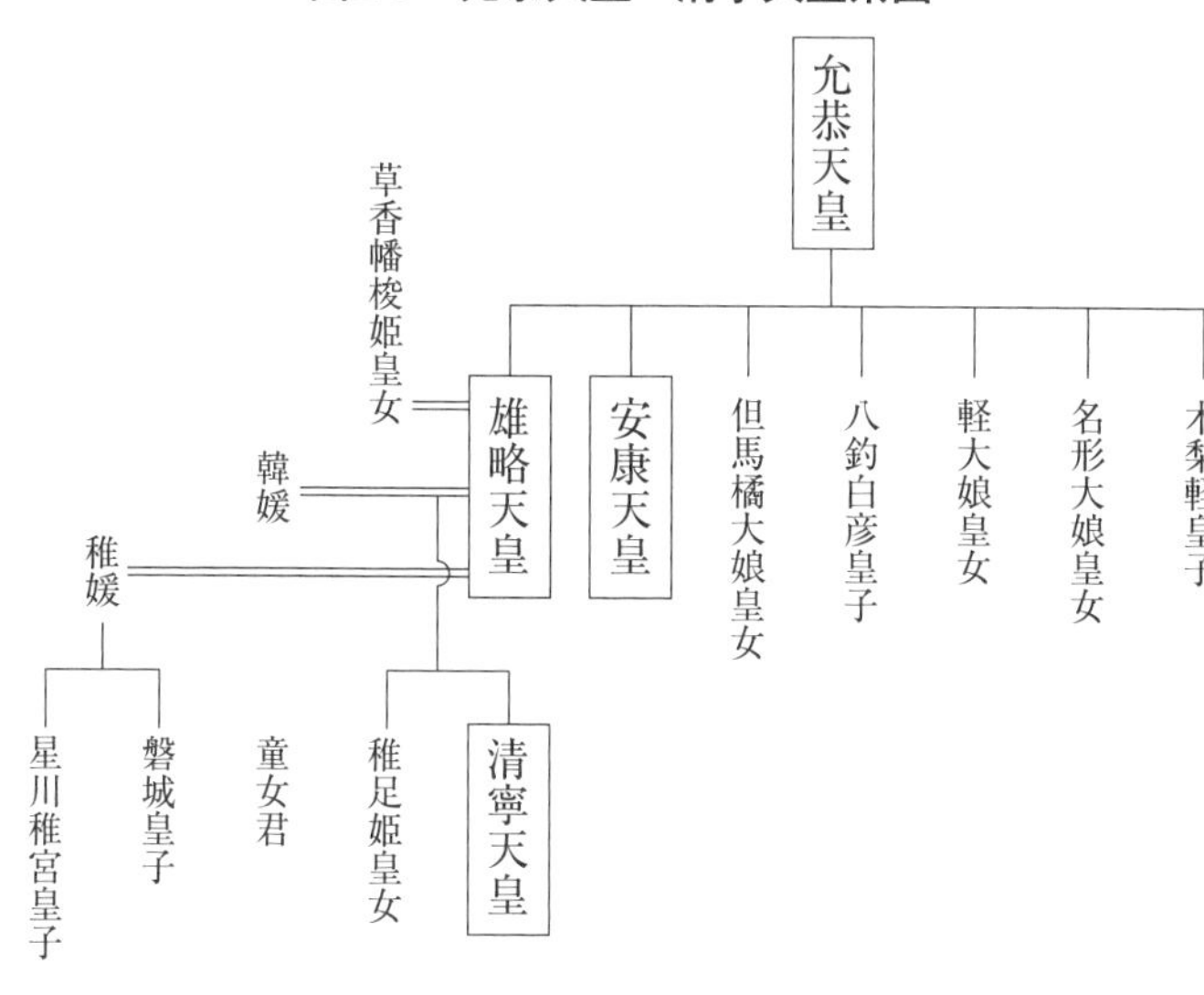

皇位を期待していたに違いありません。

一方、朝廷側としては、星川稚宮皇子側の勢力拡大を危険視して、雄略天皇も病の床で星川稚宮皇子側のたくらみを糾弾（きゅうだん）し、次代の天皇にはふさわしくない人間であると、公然と指摘しています。この皇位継承の争いは、意外に規模が大きいものでした。雄略天皇崩後、直ちに吉備勢力が「大蔵」を押さえ、権勢（けんせい）をほしいままにしているのを憂えた朝廷側の大伴室屋大連（おおともむろやおおむらじ）らが兵を起こし、星川稚宮皇子と皇妃の吉備稚媛ほかを焼き殺し、皇太子（清寧天皇）を天皇として奉（たてまつ）ったのでした。地元吉備では、この出来事を知り、直ちに軍船四〇艘を率いて救援にかけつけようとしたのですが、すでに星川稚宮皇子が焼き殺されたと聞いて、引き揚げざるを得なかったのです。この争いは、かつての仲哀天皇崩後、神功皇后の誉田別太子（応神天皇）と、仲哀天皇の二皇子、麛坂皇子と忍熊皇子との戦いを彷彿させます。

雄略天皇の治世末期（二）

雄略天皇の晩年の関心事は、百済王家の再興問題であったと思われます。「高句麗本紀」によりますと、四七五年九月、高句麗の長寿王は三万の兵を率いて百済に侵入、王都漢城を陥落させ、百済王扶餘慶を殺害、男女八〇〇〇人を捕虜として連れ帰ったと、記しています。百済王家のみじめな敗北です。

この間の事情を、『日本書紀』は雄略天皇紀二十〜二十三年に、次のように伝えています。雄略天皇二十年（筆者注：四七五）冬、高麗王が百済を滅ぼしたと。その時、高句麗の諸将たちは、徹底的な攻撃を王に進言したのですが、『日本書紀』には「百済国は日本国の官家として、その王は日本国に入って天皇に仕えていることは、周知の事実である」と言って撤収したことが記されています。そして翌二十一年、雄略天皇は、百済が高句麗に惨敗したのを聞き、熊津（忠清南道公州）を汶洲王に賜り、百済を救済したとあります。さらに、二十三年には、汶洲王が薨去したので、雄略天皇は大和に来ていた軍君の五子のうち、頭脳明晰と思われた第二子の末多王を百済王とし、武器と兵をつけて本国に戻しています。この末多王が、東城王（在位四七九～五〇一年）です。

多くの研究者たちが、四～五世紀の倭国の国力を低く評価しています。特に、宋からの爵位・官位から、国際的地位は高句麗、百済、倭国の順であると、理由もなく（ただの官位で何も特典がないのに）倭国の力はなかった、遅れていたなどというのはいささか問題ではないでしょうか。

雄略天皇の奇怪な陵墓

雄略天皇は、四七七年八月崩御の後、大阪府羽曳野市島泉の丹比高鷲原陵に葬られ、現在も宮内庁の管轄下に置かれています。この陵の写真と地形図から、その異様な姿には驚かされます。これは、雄略天皇即位にあたって、謀殺された市辺押磐皇子（履中天皇の皇子）を父に持つ第二三代顕宗天皇が、天皇に即位した後、父の怨みを晴らすために、雄略天皇の陵墓の破壊を企てたからです。しかし、兄である億計皇子（仁賢天皇）に、悪逆な雄略天皇ではあるが、天皇陵であるからと諫められ、陵の一部を削り取ってそれで良

写真８　雄略天皇 丹比高鷲原陵

図27　雄略天皇陵地形図

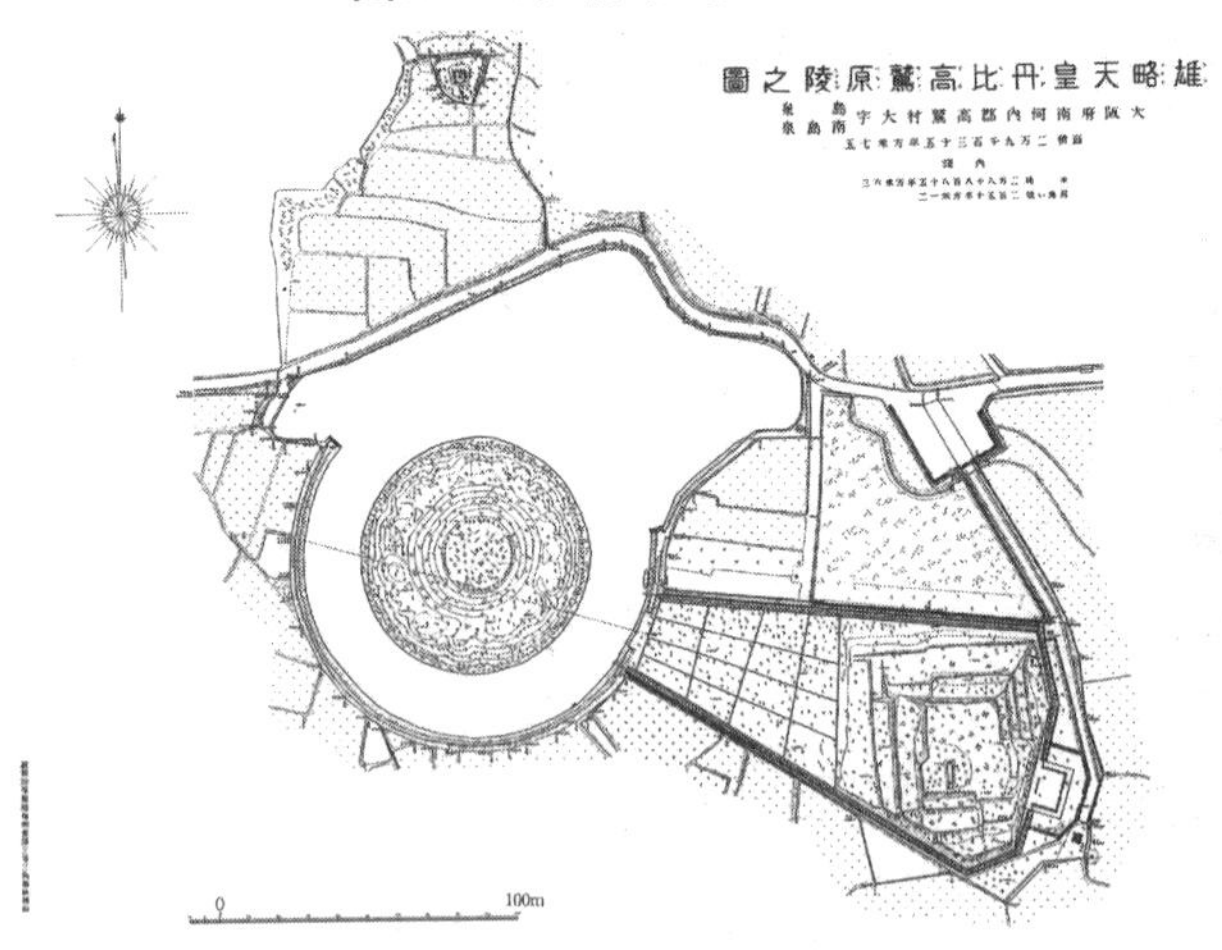

宮内庁書陵部陵墓課編『陵墓地形図集成〈縮小版〉』（学生社）より

しとしたと伝えられています。ところが、写真8を見ますと、顕宗天皇は、陵の一部を削ったのではなく、陵の分断を図ったものと考えられます。雄略天皇は崩御後も、今日に至るまで、安らかに眠ることができないのではないかと思われます。

『日本書紀』雄略天皇紀での紀年の延長――『宋書』から判明

図28は、『日本書紀』および『三国史記』の「高句麗本紀」と「百済本紀」とを対照して作成したものです。

ここでまず気が付くのは、

①雄略十九年（四七五）の記録は一年間で一行、それも大した事柄ではありません

②雄略二十年（四七六）の記事は、明らかに一年繰り下げられたものです。といいますのは、雄略十九年（四七五）という年は、朝鮮半島史上もっとも重大な年で、この年の九月、高句麗長寿王は三万の兵を率いて、百済の漢城を陥落させています。ところが『日本書紀』では、この事件を翌雄略二十年（四七六）の冬に記載しています。一年以上も、百済の王都漢城の陥落を知らなかったことになります。これは、まったくあり得ない話です。百済の宗主国を自認していて、殺害された百済王の弟昆支一族を

大和に迎え入れていたぐらいですから、雄略天皇の高句麗に対する怒りと、百済復興への意気込みは強烈なもので、百済王家の再興を急いだはずです

③そして雄略二十一年（四七七）、雄略天皇は百済に熊津（公州）を賜り、百済を救済、復興させたのでした

④翌雄略二十二年（四七八）春正月、清寧天皇が太子となります。『日本書紀』によれば、四七八年の春正月一日とあります。先帝崩御＝日嗣（ひつぎ）尊の即位につながりますので、これは、仁徳天皇、允恭天皇の例でも見られることで、清寧天皇の即位は四七八年、その前年の八月に雄略天皇が崩御したということではないでしょうか

⑤本来ならば、早船によって一週間程で伝わる百済からの情報が、雄略天皇崩御の対応に忙殺されて、『日本書紀』の記録が混乱、一年（実質一年三カ月）ずれて記載されてしまったものと考えられます。それを裏付けてくれるのが、『宋書』の昇明元年（四七七）の、「興死、弟武立……」の記事なのです

『日本書紀』は、雄略天皇の在位を四五七〜四七九年と記しています。ところが、前述のように、『宋書』および「百済本紀」によっても、崩御は四七七年八月七日というのは、動かすことができません。これは、「皇統譜」の年代記を揺るがす発見といえるのではないでしょうか。

図28　雄略期『日本書紀』と『三国史記』

雄略	西暦	『日本書紀』	『三国史記』
一九年	四七五	記述は「春三月一三日、詔して穴穂部を置いた」のみで不自然。紀年延長または造作の疑いあり	「高句麗本紀」九月、王は三万の兵で百済王都攻略、国王を殺害。男女八千人を捕虜として連れ帰った 「百済本紀」高句麗侵入、王都陥落、太子が文周（汶洲）王として即位
二〇年	四七六	冬、高句麗王、百済を討ち、滅亡させた。国王及び大后、王子らはみな敵の手で死んだ	「高句麗本紀」北魏に二月、七月、九月の三回朝貢 「百済本紀」宋への朝貢。高句麗の妨害で到着できず。重臣に解仇を任命
二一年	四七七	天皇、百済に熊津（公州）の地を賜り、百済を救い復興した 「日本旧記」に云わく、①熊川を以って末多王に賜ふという（これは誤りか）。②汶洲王は、（死去した）蓋鹵王の母の弟である。③熊川は任那国の下哆呼唎県の別邑のことであろう	「高句麗本紀」使者を二月、九月北魏に派遣 「百済本紀」王弟の昆支を内臣佐平に任命。長男の三斤を太子に任命するも、九月、王は重臣解仇により殺害される。王の長子で一三歳の太子三斤王即位 （注：王弟の昆支は倭国に人質となっていたが、危機に際し雄略天皇が帰国させたものと考えられる）
二二年	四七八	春正月一日、白髪武広国押稚日本根子皇子を太子とした	「高句麗本紀」使者を派遣し、宋朝に朝貢させた 「百済本紀」王が幼少のため解仇に全権を委ねた
二三年	四七九	夏四月、百済の文斤王（三斤王）薨去。天皇は昆支王の第二子末多王を百済王とし、兵士五百人を遣わし国に護送。これを東城王という。この年筑紫の安致臣、馬飼臣らが、水軍を率い高句麗を討った。八月七日、天皇崩御	「高句麗本紀」三月、九月、北魏に朝貢 「百済本紀」三斤王薨去。東城王即位

第七章

倭王武は清寧天皇

清寧天皇の出自と係累

清寧天皇の存在はこれまで地味なもので、実在したのかどうかさえ云々される有様でした。しかし、「倭の五王」の倭王武が雄略天皇ではなく、実は清寧天皇であったことが、徐々にわかってきました。

『日本書紀』の清寧天皇紀に記された内容は、ほんのわずかで、情報はきわめて限られています。しかし、『日本書紀』雄略天皇紀と『宋書』の記事を注意深く読んでみますと、驚くべき事実が浮かびあがってきます。まず、雄略天皇と清寧天皇の続柄（ぞくがら）は父子関係ではなく、兄弟関係にあったらしいことです。これは、倉西裕子がすでに『日本書紀の真実』で指摘していたことですが、筆者は、この説を裏付ける証拠を『宋書』から見出し、すでに何冊かの著作で発表してきました。倉西裕子の説を知った時は、さすがに驚かされました。彼女の説は、大和朝廷の系譜の盲点を突いたもので、説得力があります。その要旨は次のようなものです。

雄略天皇は、雄略元年春三月三日、草香幡梭姫皇女（くさかのはたびひめ）を皇后とし、この月に三人の妃を立てています。初めの妃は、葛城圓大臣の娘韓媛といい、白髪武広国押稚日本根子（しらかのたけひろくにおしわかやまとねこ）（清寧天皇）と稚足姫皇女を産んでいます。ところが、雄略三年四月の条には、湯人（ゆえ）の廬城部連（いおきべむらじ）

図29　筆者が考える雄略天皇と清寧天皇の系図

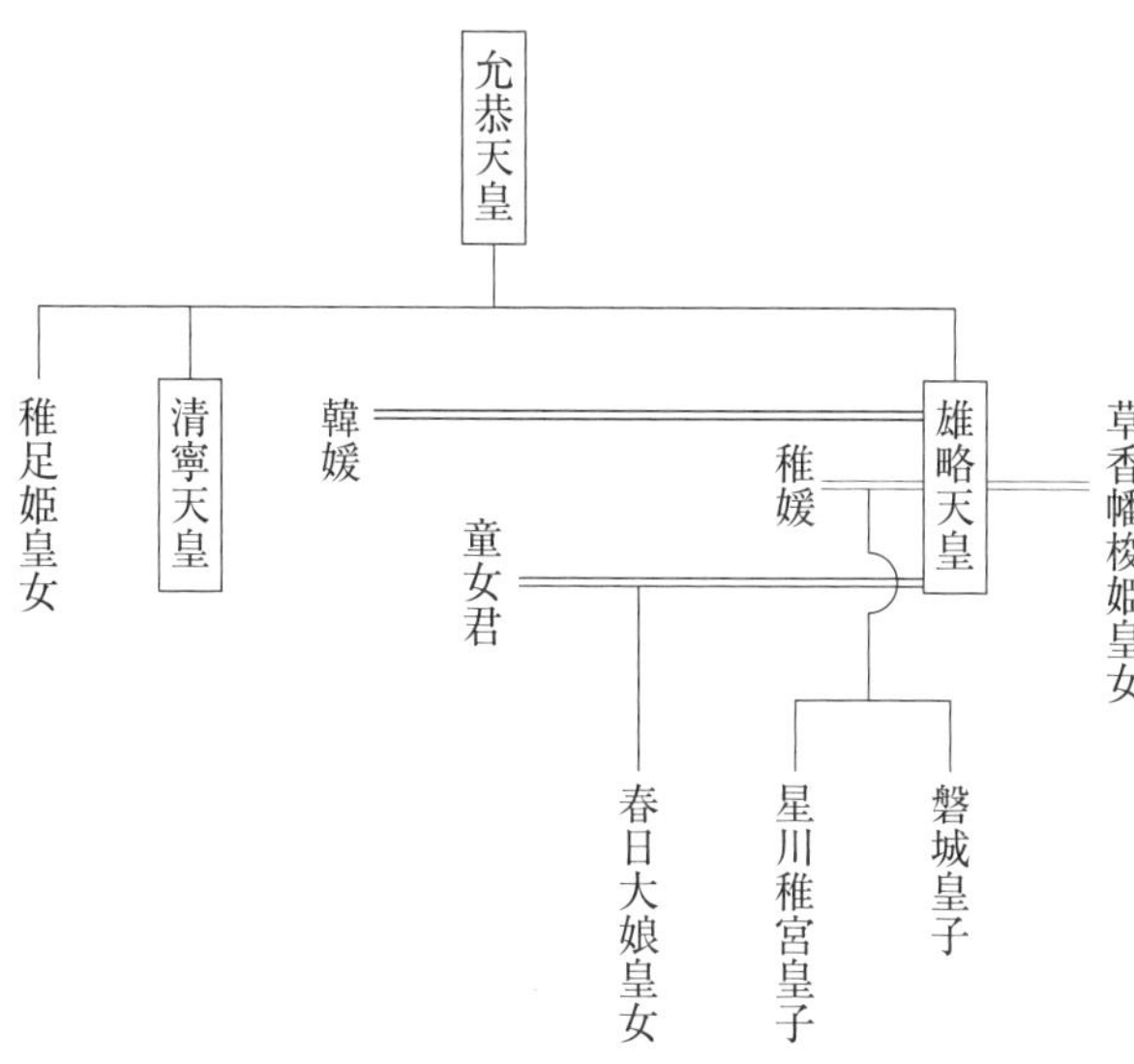

武彦（たけひこ）が稚足姫皇女を奸（おか）して妊娠させたと、阿閉（あへ）臣国見が讒言（ざんげん）したことにより、稚足姫皇女は自死してしまったとあります。

雄略天皇が雄略元年に韓媛を娶った後に、清寧天皇と稚足姫皇女の兄妹が生まれたとしますと、稚足姫皇女と廬城部連武彦とのスキャンダルが発生するまでの間は、わずか三年ですから、稚足姫皇女の年齢は三歳であったことになります。しかし、清寧天皇と稚足姫皇女が雄略天皇と同じ父（允恭天皇）を持つと想定しますと、このような年齢的な不整合は、氷解（ひょうかい）する結果になります。筆者も、この説には賛成しますが、それに加えて、次のようなことからも、証明できるのです。

『宋書』による決定的な裏付け

このスキャンダルの年代の不整合から、雄略天皇と清寧天皇が父子関係ではなく、兄弟関係にあったことが判明します。それに加えて、決定的な証拠を突き付けたのが、次の『宋書』の記事です。

まず、四七七年（雄略天皇二十一年）の、順帝帝紀の記事「冬十一月己酉、倭国遣使献方物」と、そして列伝には「興死、弟武立、自称使持節、都督倭百済新羅任那加羅秦韓慕韓七国諸軍事、安東大将軍、倭国王」とあります。この四七七年という年は、雄略天皇が八月七日に崩御しているので、大和朝廷としては、急遽、先帝雄略天皇の崩御とともに、次帝清寧天皇の即位を伝えたものと考えられます。それにしても、清寧天皇は、最初と思われる宋への遣使に、官号を「安東大将軍」と自称していますが、このことから、清寧天皇が強い性格であったことがうかがわれます。それはともかく、「興（雄略天皇）死、弟武（清寧天皇）立」の文章です。雄略天皇と清寧天皇が父子関係でなく、兄弟関係にあったことを、倭国からの使節が申し立てたのですから、疑いはありません。

次いで、四七八年（昇明二）の上表文です。この上表文は、長々と続きますが、ここでは、倭国の成り立ちを簡明に伝えたうえ、最近の高句麗の増長、高句麗討伐を訴え、自らも準備を重ねながらも、幼い頃から父のごとく育ててくれた実の兄雄略天皇の死で、進攻の努力も一頓挫していることを訴えています。

日本語の「父兄」の意味は「父と兄」ですが、この上表文で使われている「父兄」は、単純に「父と兄」と解釈するのには問題が残ります。そこで、長年中国の小説家老舎の研究を続けている稲田直樹元三菱化工機株式会社専務取締役に、中国では「父兄」＝「父（義父）であり、兄である」という意味に使われることがあるのかを質したところ、次のような回答がありました。

「中国では〈父兄〉は〈父と兄〉を意味する以外に、〈父兄〉や文語で〈父（家長）〉の意味もある。（『角川中国語辞典』参照）。『宋書』の上表文では〈奄喪（突然失う）〉という以上、〈父と兄〉という複数ではなく、一人の人物を指していると考えられる」

「済」（父）の死は四五三年、「興」（兄）の死は四七七年ですから、父兄を突然同時に失ったということは考えられないのです。

順帝昇明二年、遣使上表曰「封国偏遠、作藩于外、自昔祖禰、躬擐甲冑、跋渉山川、不遑寧処。東征毛人五十五国、西服衆夷六十六国、渡平海北九十五国、王道融泰、廓土遐畿、累葉朝宗、不愆于歳。臣雖下愚、忝胤先緒、駆率所統、帰崇天極、道逕百済、〔一三〕装治船舫、而句驪無道、図欲見呑、掠抄辺隷、虔劉不已、毎致稽滞、以失良風。雖曰進路、或通或不。臣亡考済実忿寇讎、壅塞天路、控弦百万、義声感激、方欲大挙、奄喪父兄、使垂成之功、不獲一簣。居在諒闇、不動兵甲、是以偃息未捷。至今欲練甲治兵、申父兄之志、義士虎賁、文武効功、白刃交前、亦所不顧。若以帝徳覆載、摧此強敵、克靖方難、無替前功。竊自仮開府儀同三司、其余咸各仮授、〔一四〕以勧忠節。」詔除武使持節、都督倭新羅任那加羅秦韓慕韓六国諸軍事、安東大将軍、倭王。

順帝の昇明二年、〔倭王武〕使いを遣わして上表せしめて曰く、「封国は偏遠にして藩を外に作す。昔自り祖禰躬ら甲冑を擐らし、山川を跋渉し、寧処するに遑あらず。東のかた毛人五十五国を征し、西のかた衆夷六十六国を服し、渡りて海の北九十五国を平らぐ。王道融泰し、土を遐畿に廓す。累葉朝宗すること歳ごとに愆たず。臣は下愚なりと雖も、忝けなく先緒を胤ぎ、統ぶる所を駆率して、天極に帰崇す。道は百済を逕り船舫を装治す。而るに〔高〕句驪は無道にして、見呑を図り欲し、辺隷を掠抄し、虔劉して已まず。毎に稽滞を致し、以って良風を失わしむ。路を進まんと曰うと雖も、或いは通じ或いは不らず。臣の亡考済、実に寇讎の天路を壅塞することを忿り、控弦百万、義声をあげ感激して、方に大挙せんと欲せしも、奄かに父兄を喪い、垂成の功をして、一簣を獲ざらしむ。居りて諒闇に在れば、兵甲を動かさず。是を以って偃息して未だ〔高句麗に〕捷たず。

〔されども〕今に至りて、甲を練り兵を治め、父兄の志を申べんと欲す。義士虎賁、文武功を効し、白刃前に交わるとも亦た顧みざる所なり。若し帝徳を以って覆載せば、此の強敵を摧き、克く方難を靖んじ、前功に替ること無からん。

窃かに自ら〔には〕開府儀同三司を仮し、其の余〔の諸将〕も咸各仮授し、以って忠節を勧められよ」と。

詔して武を使持節・都督倭新羅任那加羅秦韓慕韓六国諸軍事・安東大将軍・倭王に除す。

『倭国伝』（講談社学術文庫）

この上表文からは、いろいろなことが考えられます。この年に宋は滅亡、この上表文は、結果的には何も成果が得られず、倭国の一方的な宋への上表文となったのです。ただここではっきりしたことは、

①倭王武の父は、允恭天皇（倭王済）であること
②倭王興は、にわかに亡くなった父でもあり兄でもあった雄略天皇であること（後述）
③この同じ年に宋が滅亡したこと（四七九年）
④『宋書』編纂者の沈約は、四七九年の斉の武帝より、『宋書』の編纂を命じられているが、沈約はこの上表文を直接目にしていた可能性があるので、信憑性が高いと考えられること
⑤宋が滅亡した直後の四七九年、倭王武は斉に遣使しているが、この時の遣使は、斉の建元元年であることから、祝賀の遣使であったと思われること。そして、斉からは倭王武が望んでいた、「使持節・都督倭新羅任那加羅秦韓慕韓六国諸軍事・安東大将軍・倭王」の将軍号を進めて、「鎮東大将軍」の称号を下賜されていること

などです。

この間、興味ある事実が思い起こされます。それは、高句麗の侵略に対して百済の蓋鹵王が、北魏に訴えた上表文です。この上表文は、四七二年に出されていますが、百済王として高句麗の圧迫を受け百済存亡の危機感から、高句麗の怒りを増幅させることを承知の上で、乾坤一擲（けんこんいってき）の出兵の依頼を高句麗の宗主国として仰ぐ北魏に求めたのです。その結果、当然のことながら、高句麗（長寿王）の怒りを買い、四七五年の高句麗による漢城陥

落につながるのです。

なぜ蓋鹵王が、宋に出兵を依頼せずに、こともあろうに北魏の皇帝に出兵を求めたのでしょうか。宋が混乱のさなかにあったためだったのでしょうか、その理由は正確にはわかりません。一方、倭国の宋への上表文で、宋の衰えを知らずに高句麗の無道を訴え援助を求めたのは、倭国側が情報不足であったためでしょう。事実、四七八年に倭国が上表文で援助を訴えた一年後の四七九年に、宋は滅亡しています。従って上表文で期待した援助は得られず、無駄に終わったのでした。なお、これら百済から北魏へ、また倭国から宋への上表文は、当時の外交文書としては、極めて整った上表文として現在も残されているのです。

百済から北魏の顕祖（孝文帝の父）に、高句麗の侵略と出兵の依頼を求めた上表文は、次の通りです（「百済本紀」による）。

臣（わたくし）は国を東のはてに作りましたので、豺狼（さいろう）（山犬や狼（おおかみ）。高句麗をいう）が、〔朝見の〕路をふさいでいて、代々〔皇帝の〕霊化（教化）をうけましたが、藩屏（はんぺい）（諸侯）としての役割をはたしていません。〔臣は〕雲のようにそびえる宮殿（魏の王朝）を仰ぎみ、無限の情愛をよせていながら、涼風（魏の教化）にほとんど応ずることができませんでした。伏しておもうに、皇帝陛下〔北魏の孝文帝〕は天の立派な道に調和し、仰慕の情にたえません。つつしんで、私署の冠軍将軍・駙馬都尉・弗斯侯・長史の餘礼と龍驤将軍・帯方太守・司馬の張茂らを遣わし、荒波に阻まれながら舫に乗って、北の津から〔北魏への〕径を求め、命を自然の運に託し、万に一つ〔の僥倖をたよりにした臣〕の誠意を進上させました。なにとぞ、神祇の〔臣の誠意に対する〕感応と、皇霊〔皇帝の神霊〕の大きな恵みとによって、よく天子の宮庭に到達し、臣の志をあきらかにのべることができ、旦に〔それが上聞に達したことを〕聞くならば、夕に死んだとしても、永く恨みを残すことはありません。

　さらにいえば、臣は高句麗〔王〕と〔同じように〕出自が扶餘です。先代のときまで、旧くからよしみを、とくに尊重してきました。〔しかし、高句麗の〕祖先の釗〔故国原王〕は、軽々しく好隣を捨てて、自ら軍隊を率いて臣の〔国〕境を踏みあらしました。臣の祖先の須〔近肖古王〕が兵を整え、いなずまのように進撃し、機に乗じて出撃し、矢や石をしばしば撃ちあいましたが、〔ついに〕釗の首を斬り、さらしくびにしました。それいらい、〔高句麗は〕あえて南下しようとしなくなりました。馮氏の命数がつき、その残党が高句麗に逃げこんでいらい、醜類〔高句麗〕はようやく隆盛になり、ついに〔わが百済を〕侵略するようになりました。〔このように〕怨みを重ね禍をつらねること三十余年になり、〔百済は〕財力も戦力も使いはたし、しだいに弱り苦しんでいます。もし、天子が弱くてあわれなものに慈悲深く、〔その慈愛が〕はてしなく遠くまで及ぶのでしたら、速やかに一人の将軍を派遣して、臣の国を救ってください。〔もし、救援していただけるのであれば、〕必ず、田舎娘〔臣の娘〕を送って後宮の掃除をさせ、あわせて〔臣の〕子弟を送って〔天子の〕外廐の世話をさせましょう。〔臣は〕一尺の土地も、一人の人間も、決して自分のものにしようとは思いません。

さらにいえば、いま〔高句麗の〕璉〔長寿王〕には、罪があります。国〔高句麗〕では殺戮に盈ち、大臣や名族は〔互いに〕殺戮をやめず、〔支配者層には、〕罪が盈ち〔あふれ〕、悪〔業〕が積みかさなっているので、庶民は〔国から〕離れています。これは滅亡の時期で、〔滅亡に〕手をかすべき秋です。そのうえ、馮族の兵士や馬には、鳥や獣が〔故郷を〕思慕する〔ような気持が〕あり、楽浪の諸郡には、むかしをしたう気持があります。〔もし、〕天子の威光がひとたびしめされれば、出征しても戦わなくて勝つでしょう。臣は不敏ではありますが、ことがうまくいくよう力のかぎりをつくし、統率しているところの軍隊を率いて、教えにしたがい、ただちに対応しましょう。そのうえ、高句麗は義にそむき、反逆や策謀は一度ならずあります。外面では隗囂の藩卑の辞をまね、内面では凶禍に猪突猛進しようとしています。〔高句麗は〕あるいは南方では劉氏（南宋）に通じ、あるいは北方では蠕蠕と盟約を結び、いずれも脣と歯の〔ような緊密な〕関係を結び、天子の政略をさまたげようとしています。むかし、唐堯は至聖で〔あったので南蛮を〕丹水〔の戦い〕で罰し、孟嘗〔君〕は仁を称していたので〔自分への〕悪口をみすごさなかった。〔このように、〕絹糸のような小さな流れもはやく塞ぐのがよろしい。今もし〔高句麗討伐を〕取りあげなかったなら、きっと後悔することになりましょう。

さる庚辰の年（四四〇）ののち、臣〔の国〕の西の界の小石山の北方の海中で、十余の屍を見つけ、同時に、衣服・器物・鞍・勒を手にいれましたが、これをみると、高句麗のものではありませんでした。その後、聞くところによれば、これは、王人（北魏の使者）が臣の国に来ようとしたのを、長蛇（高句麗）が路をさえぎって、〔使者を〕海に沈めた〔ものであることがわかりました〕。〔百済は北魏に〕まだしたがいついているわけではありませんが、〔臣は高句麗に〕深い憤りをかんじています。むかし、〔春秋時代に、〕宋が〔楚の〕申舟を殺したとき、楚の荘王は〔申舟の仇を討とうとして、〕徒跣になった〔といいます。また〕鷂がはなした鳩をとらえたので信陵〔君〕は食事をしなかった〔といいます〕。敵に勝ち、名をあげることは、なにものにもまして、美しくとうといことです。

さて、〔百済は〕とるにたらない辺境にあって、なお、万代の信義をしたっています。まして、陛下はその気宇が天地を合せ、その勢いが山海を傾けるほどです。どうして、小豎（小僧。高句麗）に天道を塞がせてよいでしょうか。今、そのときに得た一つの鞍を奉って、実物をおみせしようと思います。

清寧天皇の業績

『日本書紀』には、清寧天皇の皇后、皇妃が記されていませんので、日嗣の皇子・皇女がいなかったと考えられます。それを残念に思って、朝廷における「部民」制度の拡大を意図して、側近の大伴室屋大連を諸国に派遣し、和風諡号「白髪武広国押日本根子」にちなんだ「白髪部舎人」「白髪部膳夫」「白髪部靫負」を置き、後世に名を残したと、『日本書紀』は伝えています。

そして、後継者として、父允恭天皇の同母兄である履中天皇の孫である億計王（後の仁賢天皇）と弘計王（後の顕宗天皇）の兄弟を、播磨国から探し出して、兄の億計王を太子に立て、弟の弘計王を皇子としたのでした。この人選に関しては、生母で皇太后である韓媛の、強い意向があったのではないかと思われます。

写真９　清寧天皇 甕栗宮跡（御厨子神社）

写真10　清寧天皇 河内坂門原陵（西浦白髪山古墳）

二人の皇子は、父である市辺押磐皇子が、雄略天皇の刃にかかって惨死したのを知り、播磨国に身を隠していました。たまたま、播磨の国司と訪れた屯倉（みやけ）の首（おびと）である忍海部造（おしぬみべのみやつこ）の新築祝いの席で、舞を所望された弘計王が、これをチャンスと、舞い歌うなかで、自分たちが履中天皇の孫で、市辺押磐皇子の息子であることを明かしたのでした。この様子を『日本書紀』は詳細に記しています。

清寧天皇が即位した「甕栗宮（みかくり）」は、現在は御厨子神社となっていますが、この地はかつて磐余池を望んだ景勝の地で、向かい側には、履中天皇の「稚桜宮」があった稚櫻神社があります。また陵は、大阪府羽曳野市西浦の古市古墳群の西南部にある「河内坂門原陵（かわちさかとのはら）」を、清寧天皇陵として宮内庁が管理しています。

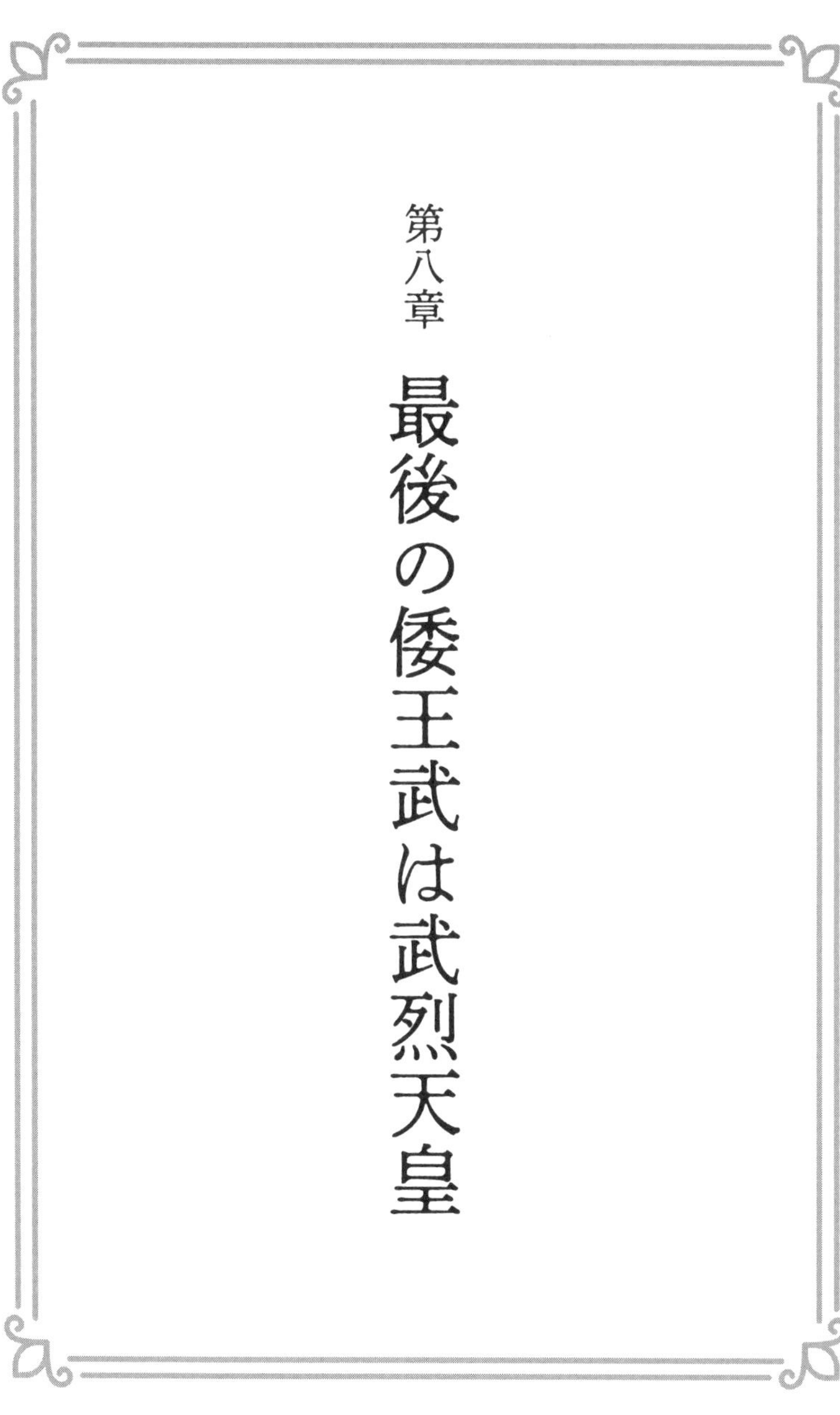

第八章

最後の倭王武は武烈天皇

二十年ぶりの倭王武による遣使朝貢

倭国としては二十年ぶりの五〇二年（天監元年）、倭王武は梁へ遣使朝貢しています。『梁書』列伝は、「高祖即位、進武号征東大将軍」と、また、帝紀に「車騎将軍高句麗王高雲進号車騎大将軍。鎮東大将軍百済王餘大進号征東大将軍。（中略）鎮東大将軍倭王武進号征東大将軍」とあります。梁の建国は五〇二年ですから、この年代に合致するのは、武烈天皇（在位四九九～五〇六年）になります。

なお、この年代に前後して、和歌山県橋本市の隅田八幡神社所蔵の国宝「人物画像鏡」の銘文には、「癸未の年（五〇三年）八月、曰十（ヲシ）大王の年、孚弟（第。フト）王意柴沙加（オシサカ）宮に在す時、斯麻（シマ）、長く奉えんと念い、□中費直・穢人今州利（コムツリ）二人の尊を遣わし、白す所なり。同（＝銅）二百旱（＝桿）を上め、此の竟（＝鏡）を（作る）所なり。」（山尾幸久著『古代の日朝関係』〈塙書房〉の訓読による）とあります。

この「人物画像鏡」は、百済の第二五代武寧王（在位五〇一～五二三年）から、次の天皇位にもっとも近かったと思われる孚弟王（後の継体天皇）に贈られたものです。なお、「曰十（ヲシ）大王の年」というのは、仁賢天皇（億計皇子）の在任中と考えられますが、

写真11　「人物画像鏡」（隅田八幡神社所蔵）

その頃倭国の孚弟王と百済の武寧王が、私的に交流があったことがうかがわれます。

武寧王は、諱（いみな）を斯麻（しま）と自ら称していて、大和朝廷では「嶋の君」と呼ばれ、筑紫の加唐島で生まれ、大和朝廷とはごく近しい関係にあった人物です。武寧王は五〇一年に即位しますが、先王東城王が晩年の失政で重臣に殺されるという混乱のなかでの即位でした。この鏡は、百済の最大の後ろ盾である倭国の次の皇位をうかがう実力者孚弟王への贈り物で、その銘文は、引き続き支援をいただきたいというメッセージであったのです。

筆者は、この銘文は、「五〇三年（自分＝武寧王は即位して三年になりますが）かつて億計大王の御時、忍坂宮に居られた孚弟王を懐かしみ長く奉えたく存じ、二人の臣に命じ、鏡を白銅で鋳らせたものです」と解釈しています。梁の建国（五〇二年）の遣使は、武烈天皇の治世（四九九～五〇六年）に行われたことになります。

最後に、四七九年の斉と五〇二年の梁への遣使に関して、「倭王武遣使奉献」という文章がないので、使節を派遣していない可能性もあるということです。ただし、倭国側が要請していないにも拘らず、斉でも梁でも進号しているのですから、ありがたい話で、否定的に考えることはないでしょう。

筆者が注目するのは、梁の朝廷が、当時国政を担っていた高句麗王が羅雲（文咨明王、在位四九二～五一九年）であり、百済王は当時牟大（東城王、在位四七九～五〇一年）であることを承知していたことです。倭国だけ適当に以前の、「安東大将軍」「鎮東大将軍」から「征東大将軍」へと位を進めたということは考えられません。世界的な王朝である梁王朝が、祝賀・朝貢もなしに、各国の王たちに加号・進号することなど考えられません。これまでの、倭王の遣使朝貢の例でも明らかなことです。

さらに、二〇一一年に清時代の画家張庚によって描かれた、『諸番職貢図巻』が発見されました。これまで北宋模本『梁職貢図』には、倭国使をはじめ百済など一二カ国の

写真12　『梁職貢図』に描かれた倭国使
鈴木靖民、金子修一編『梁職貢図と東部ユーラシア世界』(勉誠出版)より

使節の画像と一三カ国の題記（描かれた国についての解説文）が収載されていました。ところが、『諸番職貢図巻』の倭国使題記の最後に、「斉建元中、表を奉じて貢献してきた」と、斉の建元の時に、倭が表（外交文書）を持ってきたと記されています。これによって、倭の使節が実際に遣使したことが証明されたといえるでしょう。

中国南朝への倭国王の遣使は、宋に対しては「倭の五王」、讃・珍・済・興・武が記録され、斉に対しては倭王武（清寧天皇）、梁に対しては倭王武（武烈天皇）が行っています。斉と梁への二回の遣使はこれまで否定されてきましたが、先に述べたように、新たな史料が発見され、遣使が行われたことが証明されたのです。

武烈天皇の実像

武烈天皇は、和風諡号は「小泊瀬稚鷦鷯尊（おはつせのわかさざき）」、父は仁賢天皇、母は雄略天皇の妃童女君の娘春日大娘皇女です。父仁賢天皇崩後、国政を専断していた重臣の平群真鳥（へぐりのまとり）を、大伴連（おおとものむらじ）金村（かなむら）と共に討伐しての即位でした。

『日本書紀』には、妊婦の腹を割いたり、生爪をはいだり、頭髪を抜いた人を木のてっぺんまで登らせ、その木を切り倒し、落ちて死んだのを見て喜んだ等々、残虐（ざんぎゃく）な行為が記さ

れています。しかし一方、妃にと決めていた物部麁鹿火の娘影媛を挟んでの、平群真鳥の息子鮪との歌垣では、すでに影媛と通じていた鮪の勝ち誇った態度に対し、影媛をひたすら想って歌う武烈天皇の初々しさが伝わってきます。この歌垣のやり取りから、鮪と影媛の関係に気づいた武烈天皇は、鮪を乃楽山で誅殺してしまいます。

　歴代天皇のなかで最悪、亡国の天皇といわれている武烈天皇ですが、かねて、百済から大和朝廷への朝貢が途絶えたことを非礼であると思っていたので、武烈六年（五〇五）、久しぶりの百済の使節麻那君を留め置き、帰国させませんでした。当時、朝鮮半島南部の任那の地を徐々に侵犯し、領土を拡大していた百済の武寧王は、武烈天皇の強い怒りに驚愕し、翌七年（五〇六）に血縁ではない麻那君に代えて、一族の斯我君（太子と思われ

写真13　武烈天皇 泊瀬列城宮跡

る）を人質として大和へ派遣、大和朝廷に仕えさせました。その後、斯我君の子は大和に残り、淳陀太子として後世に名が残る待遇を受け、一〇代後の高野新笠（たかののにいがさ）が桓武天皇の生母にまで至るのです。

第九章

「倭の五王」が目指した宋王朝の実態

最後に、「倭の五王」が目指した宋王朝の実態はどのようであったのでしょうか。皇帝政治は最悪であったと思われますが、経済、商業、学術、文化にわたっては、新しい時代を切り拓きつつありました。

特に五世紀の中国は、農耕技術の向上による底辺の人々の底上げがあり、劉裕に代表される軍人が社会統制の前面に出たことにより、貴族階級が変わってきた世紀でもありました。その歴史的経過を川勝義雄著『魏晋南北朝』（講談社学術文庫）に則ってたどってみました。

劉裕のクーデターと宋の成立

劉裕は三六三年春、揚子江南岸の京口に生まれました。東晉の中期、桓温が実質の指導権を握っていた哀帝の時代です。彼を難産で産んだ母は命を落とし、乳母を雇うお金もないので、義理の姉が母親代わりに乳母として彼を育てたといいます。その時、彼が後の「宋」の初代皇帝になるとは、誰も想像できませんでした。

農耕を手伝い、行商で家計を助けていた彼は、移民集団から成長した北府軍団に入り、武人で人の上に立つことを選びました。東晉末期、政治の荒廃が進み、三九九年に民衆が

図30　武帝(劉裕)

川勝義雄著『魏晋南北朝』(講談社学術文庫)より

決起した「孫恩の乱」を劉裕は鎮圧してその名をあげました。さらに、東晋王朝を奪い「楚」を建てた桓玄に対し四〇四年、劉裕は北府軍団を率いてクーデターを起こし、首都建康を押さえ東晋王朝を再興しました。

四世紀、東晋の建国では貴族の「王導」が活躍しましたが、この五世紀には、軍人の主導による国の創建となり、その後、ライバルで貴族と通じていた劉毅を討伐、南燕を倒して四二〇年、劉裕は宋王朝の初代帝王に即位しました。

貴族の軍権喪失

劉裕は、即位後二年で病死したため、その治世は短いものでしたが、死ぬ間際に次の二点を言い残したのでした。

①京口は軍事上の要であり首都建康に近いので、皇族やその近親以外を長官に任じないこと

図31　建康付近図

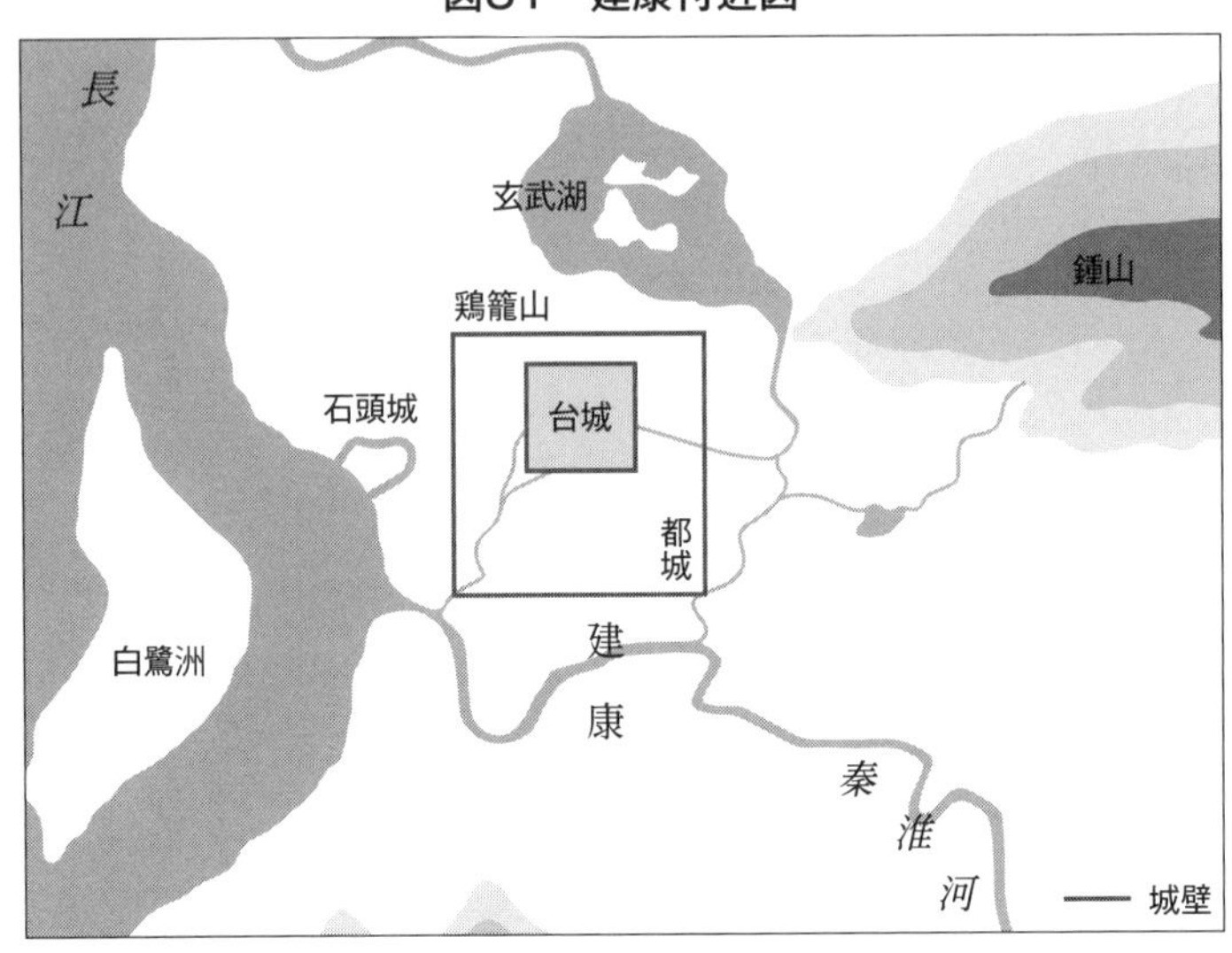

川勝義雄著『魏晋南北朝』(講談社学術文庫)より

②荊州（けいしゅう）は揚子江中流地帯の要衝なので、皇子を長官とすること

この二つは、宋時代を通じてかなり厳重に守られていたので、五世紀の宋・斉政権は、軍事政権といえるでしょう。しかし、政権が皇族と武人に任せられたとはいえ、中央政府や地方軍府の要職は貴族が依然として握っていたのですが、教養に欠ける武人が増えるに従い、そこには変化が起こり始めていました。

元嘉の治

一方、貴族には三世紀以来、政権を支配してきたという自負と、政治、文化全般を担うという意識がありました。貴族であった謝混(しゃこん)は劉裕に抵抗して殺されましたが、彼の荘園は巨大で、晉から宋に変わってもそのまま残されていたといいます。劉裕の死後、帝位を継いだ文帝が、名門の貴族たちを登用することで貴族体制が維持されたということは、士と平民の区別は皇帝にとってもどうしようもなかったようです。

文帝は学問を好み、国力を維持し続けたので、平和な時代が続きました。これを「元嘉(げんか)の治」といいます。一方、『世説新語(せせつしんご)』という書物には、貴族社会の最後の栄光が生き生きと描かれています。

寒門武人の台頭

五世紀も中頃になると、文帝は軍府の実権を、再び貴族に戻すことはありませんでした。一方、貴族から寒門(かんもん)と呼ばれていた底辺の人々が、皇族を手掛かりに台頭してきた時代でもありました。彼らの台頭を前に衰運(すいうん)を感じた貴族たちは、士の身分と平民の身分との間にある慣習法としての厳重な区別にかかわらざるを得なかったのでしょう。寒門出身者の活躍で、目立ったのは軍人でした。劉裕が軍人上がりなので、当然といえるでしょう。また、北魏が積極的に五胡諸国を従え、四三九年に北涼国(きたりょうこく)を征服して華北統一を成したため、宋では北魏の圧力に対抗することが必要であり、軍人たちの強化へとつながったからです。

四五〇年、文帝は貴族の賛意を得て北魏討伐の計画を立てたのですが、武人の沈慶之の頑強な反対にあいます。というのは、彼は文字が読めず、書物を手にすることもなかった根っからの武人でしたので、白面書生（年少で経験が乏しい書生）の貴族と相談しても、この計画は成功しないと御前会議で彼ら貴族たちを罵倒したのです。その時、文帝は笑って聞いていましたが、結局、討伐は実行され、沈慶之の言ったとおり散々な結果となったのでした。しかも、北魏の太武帝は建康の対岸まで迫ってきたのですが、北魏は引き揚げていったので、文帝は事なきを得たのでした。

宋・斉交替

文帝は文治に傾き、結局は、討伐は武人沈慶之の言うとおり失敗に終わってしまいました。ところが、劉氏一族に受け継がれていた武人の血は、五世紀後半に爆発しました。四五三年、文帝は長子である皇太子に暗殺されます。ところが、親衛隊を掌握し皇族を殺害する皇太子を、皇子の劉駿が制圧し、その後、孝武帝（在位四五三～四六四年）として即

図32 宋朝(劉氏)系図

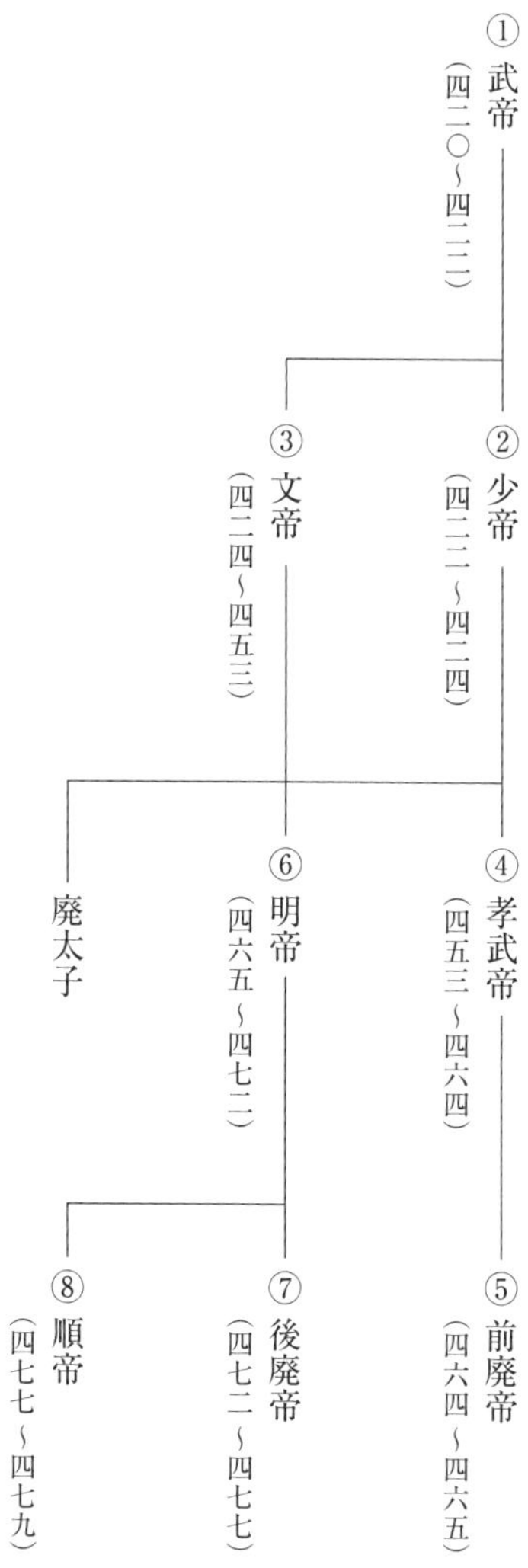
①武帝(四二〇～四二二)
②少帝(四二二～四二四)
③文帝(四二四～四五三)
④孝武帝(四五三～四六四)
⑥明帝(四六五～四七二)
廃太子
⑤前廃帝(四六四～四六五)
⑦後廃帝(四七二～四七七)
⑧順帝(四七七～四七九)

写真14　南京市郊外の劉裕陵墓

位します。その際、孝武帝は、皇太子の四人の子供とその一味となった兄と、その子供三人を処刑し、ばらばらにして揚子江に投げ入れたのです。このことから、皇族の間に猜疑心が広がり、反乱へと拡大します。不安にかられた孝武帝は鎮圧するだけに留まらず、兄弟、親類を次々に殺害していったのです。

　これをきっかけに、次の前廃帝（在位四六四～四六五年）を殺害、即位した明帝（在位四六五～四七二年）は、すでに死んだ兄の孝武帝の子一六人も殺してしまいます。さらに、孝武帝には別に一二人の子がいましたが、こちらも次の後廃帝（在位四七二～四七七年）にことごとく殺されます。結局、順帝（在位四七七～四七九年）

をはじめ、劉一族は、斉を立ちあげた蕭道成（しょうどうせい）に抹殺（まっさつ）され、宋の時代は終焉（しゅうえん）を迎えるのでした。

宋朝の滅亡の原因としては、皇族同士の血の争いと、同族を信頼できなくなった皇帝からの信任で、寒門出身の武将が巨大化したことが挙げられます。同族を信用できず、異姓の武将を信任し、やがてその武将が実権を掌握するのは、必然だったのでしょう。明帝に信頼された蕭道成の帝王即位は、まさに、そのとおりのストーリーのようです。

第十章

最近の「倭の五王」関連書を読んで

河内春人著『倭の五王』

ここに、河内春人著『倭の五王　王位継承と五世紀の東アジア』（中公新書）があります。一九七〇年生まれの歴史学者であり、北東アジア関係にも興味を持っている人物なので、新しい見方があると愉しみにしていました。しかし、結果は残念なものでした。その著書の第四章「倭の五王とは誰か——比定の歴史と記・紀の呪縛」では、次のように述べています。

五王は記・紀のどの天皇に比定できるのか——。現在までの説を簡単に挙げると次のようになる。

讃は第15代応神天皇か第16代仁徳天皇、あるいは第17代履中天皇。珍は第18代反正天皇。済は第19代允恭天皇。興は第20代安康天皇。武は第21代雄略天皇とされる。讃以外はおおむね明らかにされているように見える。しかし、そこに大きな落とし穴がある。

河内氏は「讃以外はおおむね明らかにされているように見える。しかし、そこに大きな落とし穴がある」と自ら述べていますが、まったくそのとおりで、残念ながら自身が落とし穴にはまってしまっているのです。

①讃……第15代応神天皇か第16代仁徳天皇、あるいは第17代履中天皇

こんな回答は誰でもできます。「年代」の知識に欠けているといわざるを得ません。正解は、まず、引用している『古事記』の崩年干支によりますと、

- 仁徳没　四二七年
- 履中没　四三二年
- 反正没　四三七年
- 允恭没　四五四年
- 雄略没　四八九年

とありますが、なぜか、仁徳天皇の父である応神天皇の崩年三九四年（甲午）という年次を記載していません。故意にとしか考えられません。大陸王朝への遣使朝貢の第一次は四一三年、第二次四二一年、第三次四二五年です。したがって、応神天皇の崩御が三九四年ですから、倭王讃とはまったく関係ない天皇ということになり、倭王讃という可能性がなくなったということが、明白にわかります。

次は、倭王讃の東晉、宋への遣使朝貢です。

- 第一次　四一三年　東晉（安帝）
- 第二次　四二一年　宋（武帝）
- 第三次　四二五年　宋（文帝）

と、倭王讃は三回の遣使朝貢を果たし、応神天皇崩御（三九四年）と仁徳天皇崩御（四二七年）の間に収まります。倭王讃＝仁徳天皇は決定となります。以上、倭王讃（仁徳天皇）は、三回の東晉・宋への遣使朝貢を果たしたことになります。応神か仁徳、あるいは履中といった、時代を無視した見識を、疑わざるを得ないのです。

②珍……第18代反正天皇

これも間違いです。正しくは、履中天皇（在位四二八～四三三年）なのです。倭王珍は、仁徳天皇の弟ではなく、仁徳天皇の第一皇子、履中天皇なのです。

第一六代仁徳天皇は、皇后磐之媛命との間に、

- 去来穂別第一皇子、後の第一七代履中天皇
- 瑞歯別第二皇子、後の第一八代反正天皇
- 住吉仲第三皇子

・雄朝津間稚子宿禰（おあさづまわくごのすくね）第四皇子、後の第一九代允恭天皇

と、四名の皇子をもうけています。第一皇子の去来穂別皇子は、仁徳天皇三一年に立太子、八七年に天皇に即位しています。即位の際、皇位継承をめぐって住吉仲皇子と争いになり、次弟瑞歯別皇子の助けによって即位できた事情があります。天皇登極（とうきょく）の功労者として履中二年、瑞歯別皇子は皇太子に任命されています。即位二年目の太子任命は当時としては珍しいことと考えられ、なおさら、履中天皇と反正天皇間の親しさがうかがわれるので、履中天皇を無視する理由が筆者には納得できません。

　履中天皇は、四三〇年に宋へ遣使朝貢をしています。先帝仁徳天皇の崩御と、自らの即位報告のための遣使であったと考えられます。ここで問題となるのは、第二回目、四三八年夏四月の倭王珍による遣使です。反正天皇の在位は短く四三四～四三七年と考えられ、『古事記』崩年干支からも、四三七年が定説となっています。筆者は崩年の年、四三七年の後半に遣使を出させたものの、実際は宋への到着が翌年になり、待機時間も含め宮殿入りは、『宋書』の記録である四三八年夏四月になってしまったのではないかと考えています。一方、受け入れ側の宋が多忙であったのか、前回の遣使も同じ文帝への朝見であったからなのか、倭国王の名は前回（履中天皇の時）と同じ「珍」と記録してしまったのではないかと推測しています。

③済……第19代允恭天皇

この比定については、間違った説を出す人は誰もいません。ただし、即位時の允恭天皇の辞退による混乱については、期間がはっきりしていません。そうしたなかで、三人目の允恭天皇が意外にも後世に残る評価を受け、治世を全うしています。『古事記』の編者である太安万侶は、序第一段稽古照今に「姓を正し氏を撰びて、遠つ飛鳥に勒めたまひき」と、允恭天皇の功績について高く評価しています。事実『日本書紀』には允恭天皇が「氏姓制度」の乱れを嘆いて盟神探湯の裁きも含め、粛正に努めている姿が記録されています。

④興……第20代安康天皇

これは大間違いです。安康天皇の在位は短く、四五四～四五六年の三年に過ぎません。一方、倭王興は四六〇年、四六二年と、二回宋へ遣使朝貢をしています。四六〇年と四六二年の遣使は、安康天皇在位年代とは六～八年、かけ離れていますので、倭王興は安康天皇の実弟である雄略天皇と考えられるのです。

・四四三年（文帝元嘉二十年）……「二十年、倭国王済遣使奉献、復以為安東将軍、倭

国王」（『宋書』列伝、夷蛮）

・四五一年（文帝元嘉二十八年）……「秋七月甲辰、安東将軍倭王倭済進号安東大将軍」（『宋書』帝紀、文帝）【筆者注：「済」（允恭天皇）崩御四五四年（甲午）（『古事記』崩年干支）、または四五三年（『日本書紀』）】

・四六〇年（孝武帝大明四年）……「一二月、倭国遣使献方物」（『宋書』帝紀、孝武帝）、「済死、世子興遣使貢献」（『宋書』列伝、夷蛮）

・四六二年（孝武帝大明六年）……「三月、以倭国王世子興為安東将軍」（『宋書』帝紀、文帝）、「……詔曰『倭王世子興、（中略）宜授爵号、可安東将軍、倭国王』」（『宋書』列伝、夷蛮）

・四七七年（順帝昇明元年）……「冬十一月己酉、倭国遣使献方物」（『宋書』帝紀、順帝）、「興死、弟武立、自称（中略）安東大将軍、倭国王」（『宋書』列伝、夷蛮）

倭王済（允恭天皇）が崩御したのが、四五三年または四五四年です。そして倭王興の宋への第一回目の遣使は四六〇年です。その間六～七年です。ちょうど安康天皇の三年（四五四～四五六年）と雄略天皇即位（四五七年）後の三～四年分にあたってきます。倭王興は、宋から見ても四六〇～四七七年と、十七年間在位しているのです。なぜ、ほとんどの学者たちは、倭王興は安康天皇と、言い続けているのでしょうか？

図33　河内春人と筆者による「倭の五王」7名の天皇比定図

西暦	宋	紀	記
412			
421			
425			
427	讃		仁徳没
432		允恭	履中没
437			反正没
438	珍		
443			
451			
453	済		
454		安康	允恭没
456			
457			
462	興	雄略	
478	武		
479			
480		清寧	
484			
485		顕宗	
487			
488			
489		仁賢	雄略没
498			
499		武烈	
502			

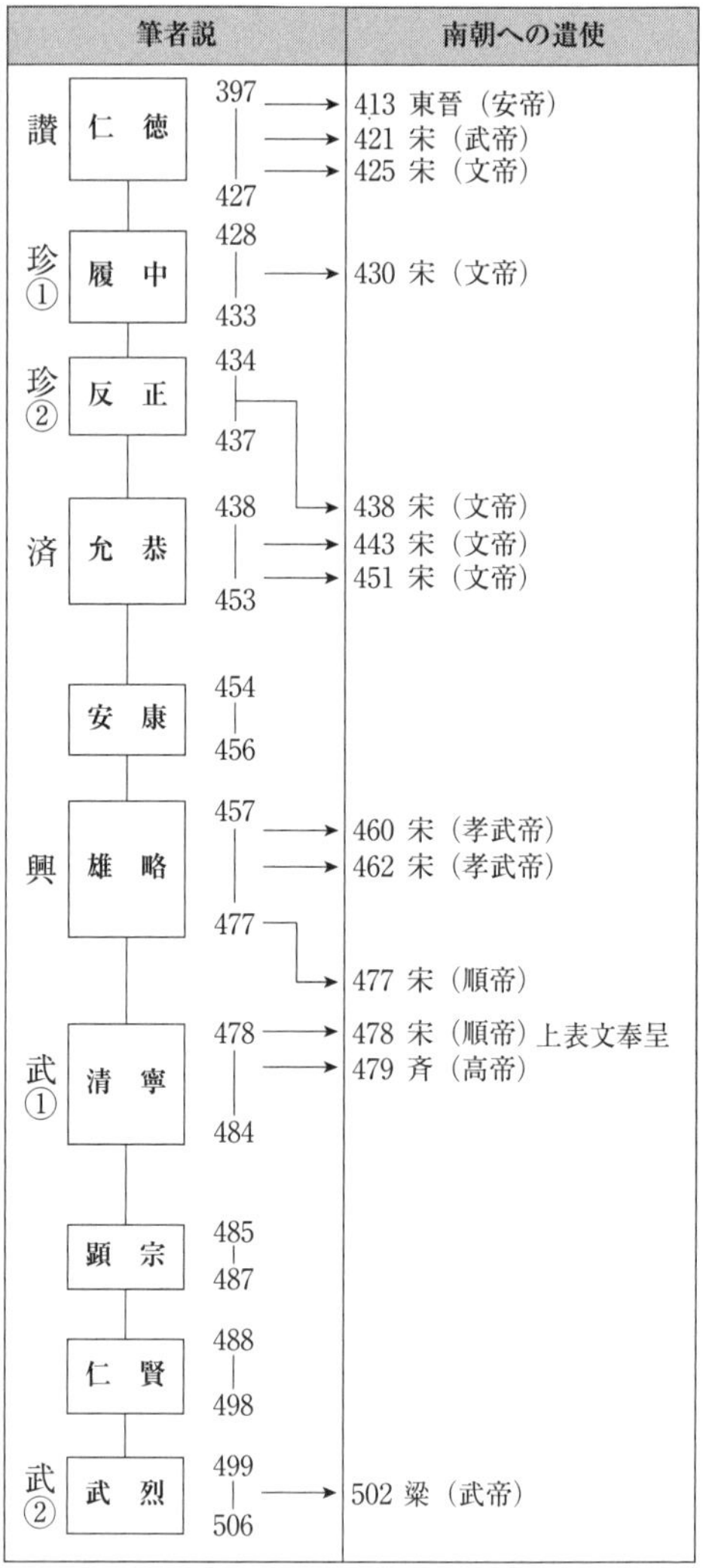

筆者説			南朝への遣使
讃	仁徳	397－427	413 東晋（安帝） 421 宋（武帝） 425 宋（文帝）
珍①	履中	428－433	430 宋（文帝）
珍②	反正	434－437	438 宋（文帝）
済	允恭	438－453	443 宋（文帝） 451 宋（文帝）
	安康	454－456	
興	雄略	457－477	460 宋（孝武帝） 462 宋（孝武帝） 477 宋（順帝）
武①	清寧	478－484	478 宋（順帝）上表文奉呈 479 斉（高帝）
	顕宗	485－487	
	仁賢	488－498	
武②	武烈	499－506	502 梁（武帝）

そして図33の二つの表を比べてみますと、残念ながら河内氏の年表からは詳しいことは伝わってきません。

最後に、倭王珍と倭王済の間には近親関係は見出しがたいとして、第二章「珍から済へ、そして興へ――派遣の意図と王の権力」のなかで、「『宋書』倭国伝には、讃と珍が兄弟であることは明記されているが、珍と済の続柄は記されていない。済は倭姓を名乗っていることからすれば、それまでの倭国王と同族だったことは間違いない。だが、宋に対して珍との続柄を名乗らなかったことから、珍との血縁関係はそれほど近いものではなかったことが推測できる。それは、讃・珍の兄弟で継承した倭国王位が、その近親には引き継がれなかった可能性を示唆している」と、倭王讃・倭王珍グループと、倭王済以降のグループの間で王統の断絶があったとしています。これはあり得ない話で、『日本書紀』『古事記』の記述からは逸脱(いつだつ)しているといわざるを得ません。

瀧音能之監修『謎の四世紀と倭の五王』

「倭の五王」問題は江戸時代以来、学界・学者を悩ませ続けてきました。筆者も平成二十七年（二〇一五）、『暦で読み解く古代天皇の謎』（ＰＨＰ文庫）を出版し、この問題に一石

図34　倭の五王と天皇比定図

『宋書』『梁書』に記された倭王の系譜

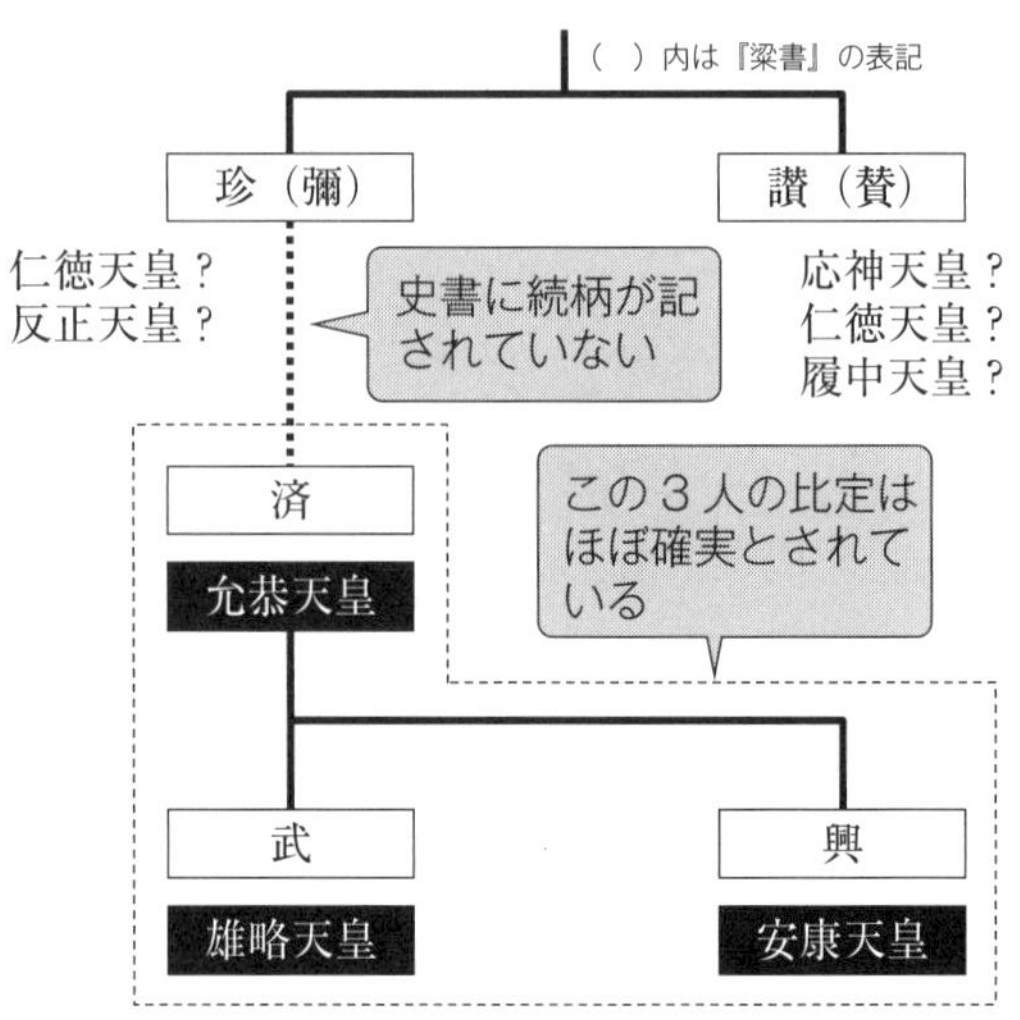

瀧音能之監修『謎の四世紀と倭の五王』（青春新書）より

を投じました。しかし、依然としてこれまでの定説が相も変わらずまかり通っていて、瀧音能之監修の書籍もこれらの説に埋没していて、新しい言説は一切提示されていません。

この書では、『宋書』によって、各国からの使節団・朝貢使に関しては詳しくふれていますが、肝心の倭国の内情については、『日本書紀』を深く読み込んでいないようで、『宋書』に記されていることに偏っているようにうかがえるのが残念です。

現在の「倭の五王」の研究に欠けているのが、暦と年代に関する認識です。この書の序章の最後に記され

図35　歴代天皇の系譜

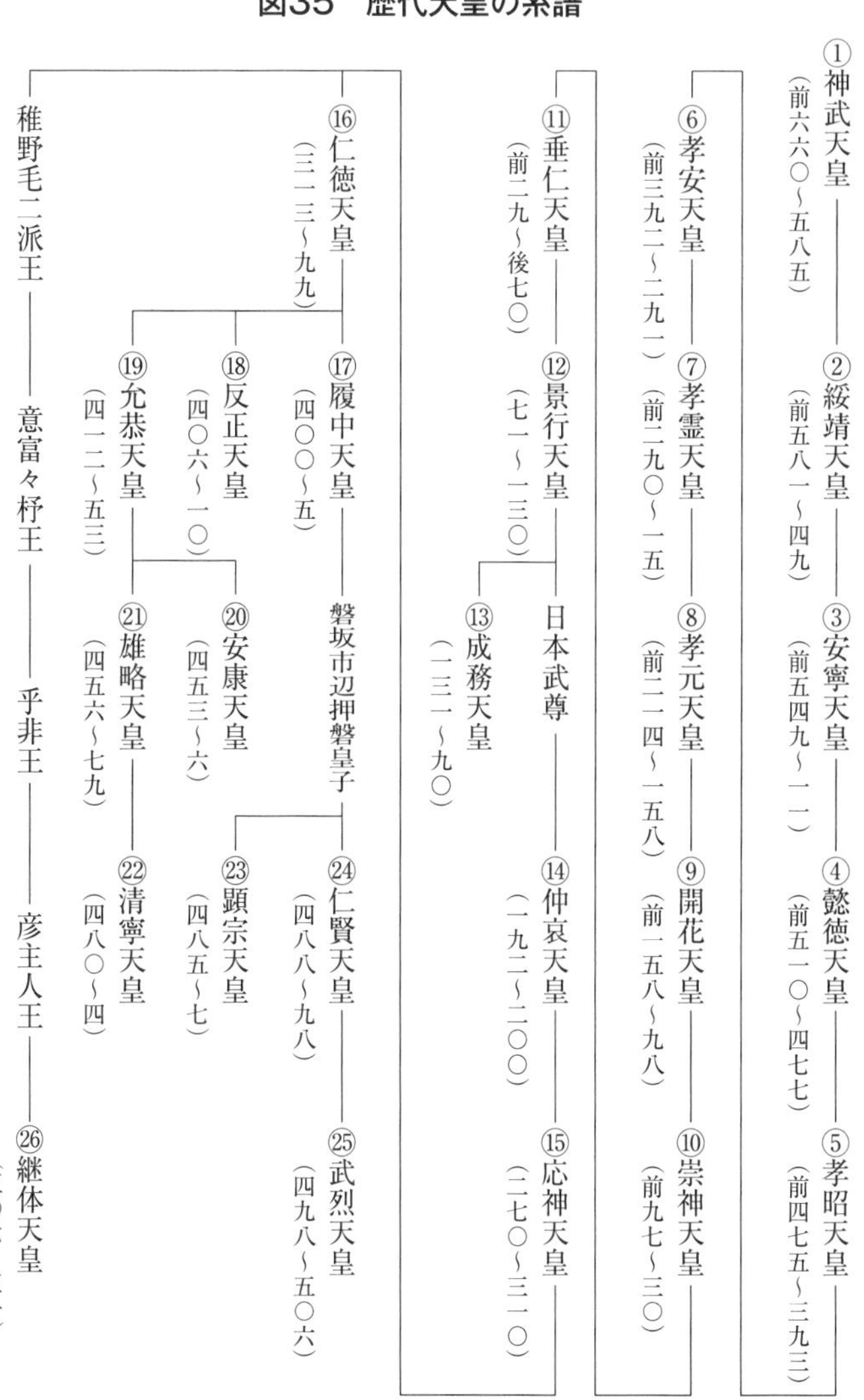

瀧音能之監修『謎の四世紀と倭の五王』（青春新書）より

図36　倭の五王の遣使年表

年	出来事
421	讃が宋に遣使し、「安東将軍・倭国王」に任ぜられる
425	讃が宋に朝貢する
438	珍が宋に遣使し、「安東将軍・倭国王」に任ぜられる
443	済が宋に遣使し、「安東将軍・倭国王」に任ぜられる
451	済が宋に遣使し、「使持節・都督倭新羅任那加羅秦韓慕韓六国諸軍事・安東大将軍・倭国王」に任ぜられる
462	興が宋に遣使し、「安東将軍・倭国王」に任ぜられる
478	武が宋に遣使し、上表文を提出。「使持節・都督倭新羅任那加羅秦韓慕韓六国諸軍事・安東将軍・倭国王」に任ぜられる
479	武が斉より「鎮東大将軍」に進号される
479	武が梁より「征東将軍」に進号される

瀧音能之監修『謎の四世紀と倭の五王』（青春新書）より

た、「歴代天皇の系譜」（図35）によりますと、「倭の五王」に比定が確定されている天皇のうち、倭王済（允恭天皇）、倭王興（安康天皇）、倭王武（雄略天皇）の在位ですが、允恭天皇は、四一二〜四五三年、安康天皇は、四五三〜四五六年、雄略天皇は四五六〜四七九年となっています。そして、第四章「讃―倭の五王①」にある「倭の五王の遣使年表」（図36）によれば、倭王済の遣使年は、四四三年と四五一年（正しくは、四三八〜四五三年）で、問題はないのですが、倭王興の遣使年は、四六二年となっています。ですから、倭王興は安康天皇ではなく、次の雄略天皇であることは明白です。どうして、このような矛盾に気が付かなかったのでしょうか。

このような矛盾は、仁徳天皇の在位を三一三

図37　応神天皇～武烈天皇在位期間

天皇名	在位期間
応神天皇	390～394年
仁徳天皇	397～427年
履中天皇	428～433年
反正天皇	434～437年
允恭天皇	438～453年
安康天皇	454～456年
雄略天皇	457～477年
清寧天皇	478～484年
顕宗天皇	485～487年
仁賢天皇	488～498年
武烈天皇	499～506年

～三九九年、履中天皇の在位を四〇〇～四〇五年、反正天皇の在位を四〇六～四一〇年としている点にもあります。四二一年と四二五年の倭王讃の遣使、四三八年の倭王珍の遣使は、すべて允恭天皇の在位（四一二～四五三年）中に行われたことになります。まったく、暦、年代を無視した記述としか考えられません。参考までに、筆者が考える、応神天皇～武烈天皇の在位期間を図37に記載しました。

やはりこの書では、「倭の五王」と天皇の比定について、「五人の王のうち三人についてはほぼ確定している」と、倭王済を允恭天皇、倭王興を安康天皇、倭王武を雄略天皇と、これまで多くの研究者が比定してきた説を踏襲しています。誤りは、何も正されませんでした。

結び

「倭の五王」とは、中国宋朝（四二〇～四七九年）の全期間六十年にわたって、遣使朝貢を重ねた倭国王、讃・珍・済・興・武の五王を指しています。これら五王については、五王としてまとまって記述されたものではなく、宋朝の国書である『宋書』の本紀、列伝ごとにわずかに記録された倭国の使節の動静を、まとめて「倭の五王」として総称したものです。宋朝は、外夷・諸蕃約一三～一八カ国を迎えていたものと思われますが、その数が多いほど、国威掲揚につながり、諸蕃の領土の安堵と、官位を保証することさえ厭わねば、大歓迎なことであったと思われます。一方、遣使朝貢するほうにとっても、宋朝の後ろ盾を得ることは、外交・軍事上大事なことであり、先進文化の摂取という面からも、欠かせないものがあったと思われます。

『宋書』は、本紀一〇巻、列伝六〇巻、志三〇巻の全一〇〇巻と厖大なものですが、すでに述べましたように、倭国に関する記事は、その何百分の一程度の分量しかありません。ところが、行数にして三〇～四〇行のわずかな記録から、ありがたいことに、五世紀倭国の歴史の根幹が、わかってくるのです。もちろん、『宋書』に加え、『日本書紀』『古事記』（崩年干支）、『三国史記』（高句麗本紀・百済本紀・新羅本紀）、さらに金石文では、高句麗「広開土王碑」（四一三年建立）、百済から貢上された「七枝刀」（三六九年銘）、百済武寧王墓誌（四六一年生誕）、埼玉県行田市の稲荷山古墳出土の「金錯銘鉄剣銘文」（四七一年）などが、『宋書』を補っています。

そして、暦の問題があります。すでに『日本書紀』は、第二〇代安康天皇の即位四五四年から、宋朝の「元嘉暦」を用いたと考えられ、允恭天皇より神武天皇までを「儀鳳暦」で遡らせたのでした。このことは、戦前（昭和十一年）には、小川清彦によって、「グレゴリオ暦」「元嘉暦」「儀鳳暦」（『日本書紀』が採用した唐の暦）の年次が、安康天皇元年で一致、差異は二刻に過ぎないとの発見が残されていることからわかります。

加えて、『日本書紀』編纂時、『魏志倭人伝』の卑弥呼と台与を、無理を承知で神功皇后に比定したことでした。この結果、『日本書紀』は、神功皇后の治世を、二〇一～二六九年とし、応神天皇の即位を二七〇年と定めたのです。すでに、江戸時代から、『日本書紀』の紀年の延長は、干支二巡、百二十年と指摘されていましたが、『日本書紀』は、一人の天皇で百二十年を延長しないで、応神・仁徳・允恭の三天皇の在位を延長することにしたのでした。その詳細は、第一章で述べたとおりです。

図38 「倭の五王」遣使年表

倭王名	遣使年	天皇名	在位期間
讃	413・421・425年	仁徳天皇	397～427年
珍①	430年	履中天皇	428～433年
珍②	438年(注1)	反正天皇	434～437年
済	443・451年	允恭天皇	438～453年
興	460・462年	雄略天皇	457～477年
武①	477(注2)・478・479年	清寧天皇	478～484年
武②(注3)	502年	武烈天皇	499～506年

注1　履中天皇崩後、続く反正天皇の短い治世末期の遣使で、宋への到着が翌年になったものと考えられる。さらに、宋王朝がこの時に理由は確かではないが、前回の遣使と同じ「珍」と誤って記載したもの
注2　この時の遣使は即位前後の清寧天皇によるものと考えられる
注3　この時の「武」は、清寧天皇3代後の武烈天皇（在位499～506年）

そして、これまでに得た数々の情報・史料をもとに、「倭の五王」と天皇の比定を、図38にまとめることができました。

最後に、これまで度々述べてきたのは、「倭の五王」の真実の姿がわかってきた現在、少なくとも倭王興が雄略天皇であること、倭王武が清寧天皇であることは、正式に訂正されなければならないでしょう。そして、我が国の皇統譜の訂正、①雄略天皇と清寧天皇の父子関係が、実は兄弟関係にあること、②雄略天皇の崩御年が、四七七年であること、これらの点について、今後検討がなされるべきと、筆者は考えています。

おわりに

本書は、一昨年（二〇二一年）から始めた「ライブドアブログ」に掲載した原稿を、大幅に加筆訂正したものです。ブログ掲載を熱心にすすめ、その労をとってくれた大平愛子、出版に当たってはＰＨＰエディターズ・グループの牧野祐子、資料収集・原稿作成に携わった西村みゆき三氏には心より感謝いたします。また、視力の衰えた筆者を支えてくれた井川茂樹、松村克史、海野哲寿、福本雅彦らによって本書は完成することができました。

最後に、絶えず激励を続けてくれている畏友の小倉純二、齊田晴一、石橋雄三の三兄に、本書の完成を報告できること、何よりうれしく思っています。

令和五年二月

大平　裕

「倭の五王」年表

国名	皇帝	年号	西暦	王名	天皇	「倭の五王」関連記事
東晋	孝武帝 372–396	太元七年九月	三八〇		(神功?)	「九月、東夷五国遣使来貢方物」(晋書帝紀、孝武帝)
	安帝 396–418	義熙九年	四一三	讃	仁徳 397–427	「是歳、高句麗、倭国及西南夷銅頭大師並献方物」(晋書帝紀、安帝) ●「晋安帝時、有倭王賛」(梁書列伝、諸夷) ●「晋安帝時、有倭王讃遣使朝貢」(南史列伝、夷貊下) ●「倭国、貂皮・人参等を献ず。詔して、細笙・麝香を賜ふ」(晋書、義熙起居注、逸文、太平御覧)
	高祖武帝 420–422	永初二年	四二一			「倭国在高驪東南大海中、世修貢職。高祖永初二年、詔曰『倭讃万里修貢、遠誠宜甄、可賜除授』」(宋書列伝、夷蛮)
	太祖文帝 424–	元嘉二年	四二五			「太祖元嘉二年、讃又遣司馬曹達奉表献方物」(宋書列伝、夷蛮) ●仁徳崩四二七年(『古事記』崩年干支)
		元嘉七年	四三〇	珍①	履中 428–433	「七年春正月癸巳、是月、倭国王遣使献方物」(宋書帝紀、文帝) 「讃死、弟珍立、遣使貢献。自称使持節、都督倭百済新羅任那秦韓慕韓六国諸軍事、安東大将軍、倭国王。表求除正、詔除安東将軍、倭国王。珍又求除正倭隋等十三人平西、征虜、冠軍、輔国将軍号、詔並聴」(宋書列伝、夷蛮) ●履中崩四三二年(『古事記』崩年干支)

宋					
453—					世祖 孝武帝 —453
		元嘉一五年	元嘉二〇年	元嘉二八年	
		四三八	四四三	四五一	
		珍② 注1	済		注2
	反正 437−434	允恭 453—438			安康 456—454
		「夏四月己巳、以倭国王珍為安東将軍」(宋書帝紀、文帝) 「是歳、武都王、河南国、高麗国、倭国、扶南国、林邑国並遣使献方物」(宋書帝紀、文帝) ●反正崩四三七年(『古事記』崩年干支)	「二十年、倭国王済遣使奉献、復以為安東将軍、倭国王」(宋書列伝、夷蛮)	「秋七月甲辰、安東将軍倭王倭済進号安東大将軍」(宋書帝紀、文帝) 「二十八年、加使持節、都督倭新羅任那加羅秦韓慕韓六国諸軍事、安東将軍如故。幷除所上二十三人軍、郡」(宋書列伝、夷蛮) ●允恭崩四五四年(『古事記』崩年干支)	

国名	皇帝	年号	西暦	王名	天皇	「倭の五王」関連記事
宋	世祖孝武帝 464—453	大明四年	四六〇	興	雄略 477—457	「一二月、倭国遣使献方物」（宋書帝紀、孝武帝） 「済死、世子興遣使貢献」（宋書列伝、夷蛮）
		大明六年	四六二			「三月、以倭国王世子興為安東将軍」（宋書帝紀、文帝） 「世祖大明六年、詔曰『倭王世子興、奕世載忠、作藩外海、稟化寧境、恭修貢職。新嗣辺業、宜授爵号、可安東将軍、倭国王』」（宋書列伝、夷蛮）
	順帝 —477	昇明元年	四七七	武①	清寧即位前紀	「冬十一月己酉、倭国遣使献方物」（宋書帝紀、順帝） 「興死、弟武立、自称使持節、都督倭百済新羅任那加羅秦韓慕韓七国諸軍事、安東大将軍、倭国王」（宋書列伝、夷蛮） （筆者注：雄略天皇の崩御は八月七日〈『日本書紀』〉本項と前項は同じ使節によると考えるのが正しいと思われる）
		昇明二年	四七八		清寧 —478	「五月戊午、倭国王武遣使献方物、以武為安東大将軍」（宋書帝紀、順帝） 「順帝昇明二年、遣使上表曰『封国偏遠、作藩于外、自昔祖禰、躬擐甲冑、跋渉山川、不遑寧処。東征毛人五十五国、西服衆夷六十六国、渡平海北九十五国、王道融泰、廓土遐畿、累葉朝宗、不愆于歳。臣雖下愚、忝胤先緒、駆率所統、帰崇天極、道逕百済、〔一三〕装治船舫、而句驪無道、図欲見呑、掠抄辺隷、虔劉不已、毎致

宋

稽滞、以失良風。雖曰進路、或通或不。臣亡考済実忿寇讎、壅塞天路、控弦百万、義声感激、方欲大挙、奄喪父兄、使垂成之功、不獲一簣。居在諒闇、不動兵甲、是以偃息未捷、至今欲練甲治兵、申父兄之志、義士虎賁、文武効功、白刃交前、亦所不顧。若以帝徳覆載、摧此強敵、克靖方難、無替前功。竊自仮開府儀同三司、其余咸各假授、〔一四〕以勧忠節。』詔除武使持節、都督倭新羅任那加羅秦韓慕韓六国諸軍事、安東大将軍、倭王」（宋書列伝、夷蛮）

順帝の昇明二年、〔倭王武〕使いを遣わして上表せしめて曰く、「封国は偏遠にして藩を外に作す。昔自り祖禰躬ら甲冑を擐らし、山川を跋渉し、寧処するに遑あらず。東のかた毛人五十五国を征し、西のかた衆夷六十六国を服し、渡りて海の北の九十五国を平らぐ。王道融泰し、土を遐畿に廓す。累葉朝宗すること歳ごとに愆たず。臣は下愚なりと雖も、忝けなく先緒を胤ぎ、統ぶる所を駆率して、天極に帰崇す。道は百済を逕り船舫を装治す。

而るに〔高〕句驪は無道にして、見呑を図り欲し、辺隷を掠抄し、虔劉して已まず。毎に稽滞を致し、以って良風を失わしむ。路を進まんと曰うと雖も、或いは通じ或いは不らず。臣の亡考済、実に寇讎の天路を壅塞することを忿り、控弦百万、義声をあげ感激して、方に大挙せんと欲せしも、奄かに父兄を喪い、垂成の功をして、一簣を獲ざらしむ。居りて諒闇に在れば、兵甲を動かさず。是を以って偃息して未だ〔高句麗に〕捷たず。

国名	皇帝	年号	西暦	王名	天皇	「倭の五王」関連記事
宋	順帝 479——	昇明二年	四七八	武①	清寧 484——	〔されども〕今に至りて、甲を練り兵を治め、父兄の志を申べんと欲す。義士虎賁、文武功を効し、白刃前に交わるとも亦た顧みざる所なり。若し帝徳を以って覆載せば、此の強敵を摧き、克く方難を靖んじ、前功に替ること無からん。窃かに自ら〔には〕開府儀同三司を仮し、其の余〔の諸将〕も咸各仮授し、以って忠節を勧められよ」と。詔して武を使持節・都督倭新羅任那加羅秦韓慕韓六国諸軍事・安東大将軍・倭王に除す。
斉	太祖高帝 479-482	建元元年	四七九			「建元元年、進新除使持節、都督倭新羅任那加羅秦韓〔慕韓〕六国諸軍事、〔一四〕安東大将軍、倭王武号為鎮東大将軍」（南斉書列伝、東南夷）
梁	高祖武帝 493—482	天監元年	五〇二	武②	武烈 506−499	「高祖即位、進武号征東大将軍」（梁書列伝、諸夷）「車騎将軍高句麗王高雲進号車騎大将軍。鎮東大将軍百済王餘大進号征東大将軍。（中略）鎮東大将軍倭王武進号征東大将軍」（梁書帝紀、武帝）「倭王武進号征東大将軍」（南史梁本紀）

注1　「珍」は宋側の記録ミスか。なぜならば、①反正の存在自体が否定されてしまうこと　②「珍」については四三〇年の遣使でも「珍」は「讃」の弟としており二度目の誤りであること　③反正による中国名なしの「倭国王」のみの朝貢とも考えられること　④反正崩御前の使節派遣、翌四三八年四月の建康到着が十分に考えられること　⑤允恭天皇の使節派遣とすると倭国王「済」とされるはずであること　⑥允恭天皇の即位は四三八年の三月であり四月到着はあり得ないこと

注2　養子である眉輪王に殺害される。治世三年と短く、朝貢の余裕なし

参考文献

山田宗睦訳『原本現代訳　日本書紀　上中下』ニュートンプレス
倉野憲司校注『古事記』岩波文庫
金富軾・井上秀雄訳注『三国史記1』東洋文庫　平凡社
金富軾・井上秀雄訳注『三国史記2』東洋文庫　平凡社
荊木美行編著『古代天皇系図』燃焼社
内田正男編著『日本書紀暦日原典〔新装版〕』雄山閣出版
倉西裕子『日本書紀の真実　紀年論を解く』講談社選書メチエ
川勝義雄『魏晋南北朝』講談社学術文庫
藤堂明保・竹田晃・影山輝國全訳注『倭国伝』講談社学術文庫
大平裕『日本古代史 正解 渡海編』講談社
大平裕『暦で読み解く古代天皇の謎』ＰＨＰ文庫
大平裕『古代史「空白の百五十年間」の謎を解く』ＰＨＰエディターズ・グループ

〈著者略歴〉

大平　裕（おおひら・ひろし）
1939年、東京都出身。慶應義塾大学法学部卒業。古河電気工業株式会社入社。同社海外事業部第一営業部長、監査役、常任監査役を経て2001年に退社。現在は、公益財団法人大平正芳記念財団の理事を務める。
著書に『日本古代史 正解』『日本古代史 正解 纒向時代編』『日本古代史 正解 渡海編』（以上、講談社）、『知っていますか、任那日本府』『天照大神は卑弥呼だった』『卑弥呼以前の倭国五〇〇年』『暦で読み解く古代天皇の謎』（以上、ＰＨＰ研究所）、『古代史「空白の百五十年間」の謎を解く』（ＰＨＰエディターズ・グループ）などがある。

公益財団法人大平正芳記念財団　www.ohira.org

「倭の五王」の謎を解く
雄略天皇は“興”だった

2023年３月12日　第１版第１刷発行

著　者　大平　裕
発　行　株式会社ＰＨＰエディターズ・グループ
〒135-0061　東京都江東区豊洲5-6-52
☎03-6204-2931
http://www.peg.co.jp/
印　刷
製　本　シナノ印刷株式会社

ISBN978-4-910739-24-3